Reuter

Arbeitsschutz für Leiharbeitnehmer

Dieses Buch widme ich meinem leider viel zu früh verstorbenen Vater.
Ich habe ihm viel zu verdanken.

Matthias Reuter

Arbeitsschutz für Leiharbeitnehmer

Schriftenreihe zur Zeitarbeit

Verlag Personal, Recht, Management Ltd.

Bibliographische Information der deutschen Nationalbibliothek
Die Deutsche Nationalbibliothek verzeichnet diese Publikation in der Deutschen Nationalbibliographie; detaillierte bibliographische Daten sind im Internet über http://dnb.d-nb.de abrufbar.

Niederlassung Deutschland: Lindlaustr. 2a, 53842 Troisdorf

Umschlagskonzeption: Verlag Personal, Recht, Management Ltd.
Satz: Verlag Personal, Recht, Management Ltd.
Druck: Books on Demand GmbH, Norderstedt
Printed in Germany, Mai 2009

ISBN 978-3-941388-18-5

Inhaltsverzeichnis

Abbildungsverzeichnis

Abkürzungsverzeichnis

Abs.	Absatz
a.E.	am Ende
ArbGG	Arbeitsgerichtsgesetz
ArbSchG	Arbeitsschutzgesetz
ArbstättV	Verordnung über Arbeitsstätten
ArbZG	Arbeitszeitgesetz
ASiG	Arbeitssicherheitsgesetz
AÜG	Arbeitnehmerüberlassungsgesetz
BAG	Bundesarbeitsgericht
BarbBl	Bundesarbeitsblatt (http://www.bundesanzeiger.de)
BB	Betriebsberater, Zeitschrift
Bd.	Band
BetrVG	Betriebsverfassungsgesetz
BG	Die Berufsgenossenschaft (Zeitschrift)
BGB	Bürgerliches Gesetzbuch
BGV A	Berufsgenossenschaftliche Vorschrift für Sicherheit und Gesundheit bei der Arbeit
BildscharbV	Bildschirmarbeitsplatz-Verordnung
BR-Drs.	Bundesrats-Drucksache
BT-Drs.	Bundestags-Drucksache
BUrlG	Bundesurlaubsgesetz
DB	Der Betrieb, Zeitschrift
Diss.	Dissertation
Einl	Einleitung
engl.	englisch(en)
EG	Europäische Gemeinschaft
EGV	Vertrag zur Gründung der Europäischen Gemeinschaft
EuroAs	Informationsdienst Europäisches Arbeits- und Sozialrecht (Zeitschrift)
EWG	Europäische Wirtschaftsgemeinschaft
fr.	französisch(en)
GefStoffV	Gefahrstoffverordnung
gem.	gemäß
GG	Grundgesetz
HGB	Handelsgesetzbuch
i.R.	im Rahmen
i.S.d.	im Sinne des
i.V.m.	in Verbindung mit

JArbSchG	Jugendarbeitsschutzgesetz
JZ	Juristenzeitung, Zeitschrift
MuSchG	Mutterschutzgesetz
NZA	Neue Zeitschrift für Arbeits- und Sozialrecht
PSA	Persönliche Schutzausrüstung
PSA-BV	PSA-Benutzungsverordnung
RdA	Recht der Arbeit, Zeitschrift
Rdnr.	Randnummer
Rz	Randziffer
SGB	Sozialgesetzbuch
st. Rspr.	ständige Rechtsprechung
TVG	Tarifvertragsgesetz
vgl.	vergleiche
ZfA	Zeitschrift für Arbeitsrecht

1 Einleitung

Gewerbliche Arbeitnehmerüberlassung gewinnt in der beruflichen Praxis immer stärker an Bedeutung. Innerhalb von zehn Jahren hat sich die Anzahl an Leiharbeitnehmern in Deutschland mehr als vervierfacht (siehe Abbildung).[1] Die Zahl der Verleihunternehmen ist im gleichen Zeitraum um 243 Prozent gestiegen. In 2007 zählte die Bundesagentur für Arbeit insgesamt 21.241 Zeitarbeitsunternehmen.[2] Bei Betrachtung der unterschiedlichen Berufsbereiche in denen Leiharbeiter eingesetzt werden fällt auf, dass der größte Teil der Leiharbeitnehmer (34 Prozent[3]) als Hilfspersonal tätig sind. Der gewerblich-technischen Sektor stellt zur Zeit immer noch den Haupteinsatzbereich von Leiharbeitskräften dar, auch wenn der Anteil der Leiharbeitnehmer in Dienstleistungsberufen mit 27 Prozent in den letzten Jahren stark an Bedeutung gewonnen hat.

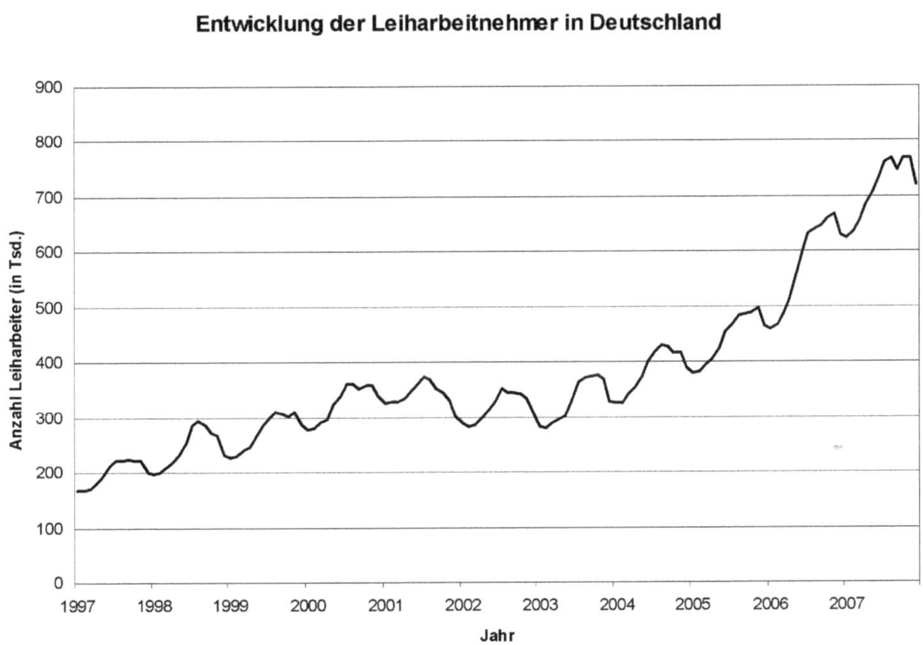

Abbildung 1: Entwicklung der Leiharbeiter in Deutschland

[1] Zahlen der Bundesagentur für Arbeit abrufbar unter: http://www.pub.arbeitsagentur.de/hst/services/statistik/detail/b.html, Stand: 15.12.2008.

[2] Ebenda.

[3] Stand: Juni 2007.

In Bezug auf die Dauer der Arbeitsverhältnisse in der Zeitarbeit ist auffällig, dass diese überwiegend bereits nach sehr kurzer Zeit wieder beendet werden. Mehr als die Hälfte sind kürzer als drei Monate. Diese kurzfristige Arbeitsdauer trägt dem unternehmerseitigen Interesse nach einer flexiblen Personalplanung Rechnung um Engpässe, die durch Personalausfälle wie z.B. durch Urlaub, Krankheit oder Mutterschutz oder aber durch produktionsseitige Veränderungen wie Auftragsspitzen entstehen, zu kompensieren. Leiharbeitnehmer wechseln häufig den Einsatzbetrieb und sind durch diesen Wechsel immer wieder Neulinge im Betrieb. Verglichen mit der Stammbelegschaft haben Leiharbeitnehmer ein deutlich erhöhtes Unfallrisiko. In 2006 wurden pro 1000 Versicherte in der Zeitarbeitsbranche 34 Arbeitsunfälle gemeldet (siehe hierzu die Abbildung unten).[4] Die Quote der meldepflichtigen Arbeitsunfälle insgesamt je 1000 Vollarbeiter lag im Vergleichszeitraum nur bei 28,275.[5]

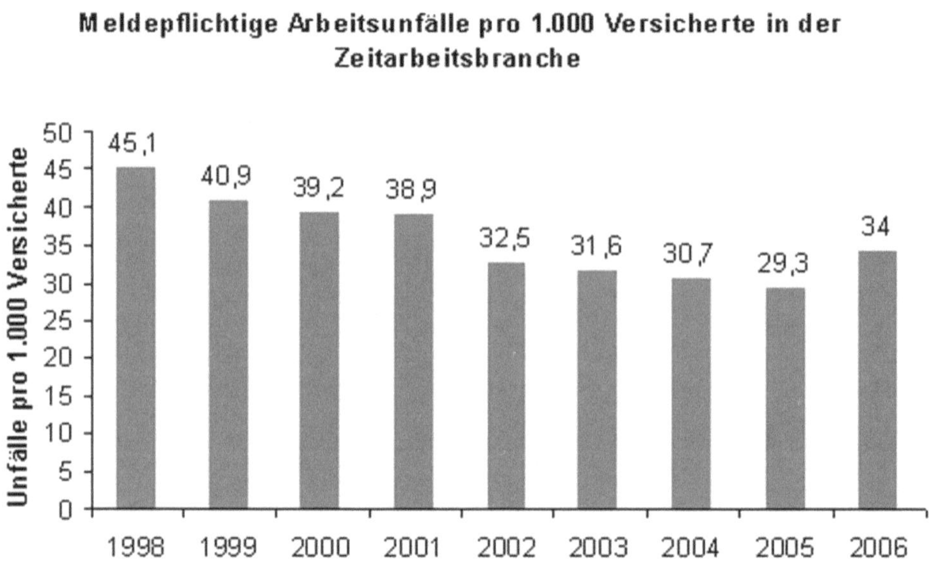

Abbildung 2: Meldepflichtige Arbeitsunfälle pro 1000 Versicherte in der Zeitarbeitsbranche

[4] *Bundesministerium für Arbeit und Soziales,* Sicherheit und Gesundheit bei der Arbeit 2006, S. 46.

[5] *Bundesministerium für Arbeit und Soziales,* Sicherheit und Gesundheit bei der Arbeit 2006, S. 19.

Als Hauptursachen für diese hohe Unfallquote sind folgende Gründe anzuführen:[6]

- wechselnde Arbeitsbedingungen
- unbekannte Umgebung
- nicht bekannte Betriebsgefahren
- wechselnde Organisationsstrukturen
- Verständigungs- und Koordinationsprobleme
- unzureichende Arbeitsvorbereitung
- mangelnde Unterstützung zur Lösung unvorhergesehener Problemsituationen

Vor dem Hintergrund von steigendem Wettbewerbs- und Kostendruck der Unternehmen in Verbindung mit den kurzen Einsatzzeiten der Leiharbeiter, mag sich eine umfangreiche Arbeitsschutzeinweisung für einige Unternehmen auch aus ökonomischen Gesichtspunkten nicht zu lohnen.

Neben den dargestellten Gründen für die erhöhte Unfallhäufigkeit entspringen bereits aus dem bei der Arbeitnehmerüberlassung vorzufindende Dreiecksverhältnis zwischen Verleiher, Entleiher und Leiharbeitnehmer einige Gefahrenpotentiale. Bei diesem Dreipersonenverhältnis bestehen vertragliche Rechtsverhältnisse zwischen Verleiher und Leiharbeitnehmer sowie zwischen Verleiher und Entleiher. Zwischen Verleiher und Leiharbeitnehmer besteht ein Arbeitsverhältnis, bei dem der Leiharbeitnehmer die Leistung abhängiger Arbeit und der Verleiher die Vergütung der Arbeitsleistung schuldet. Entleiher und Verleiher schließen einen Arbeitnehmerüberlassungsvertrag, in dem der Verleiher sich verpflichtet dem Entleiher für eine bestimmte Zeit Arbeitskräfte gegen Entgelt zur Verfügung zu stellen. Hierbei soll das Weisungsrecht über die Leiharbeitskraft für die Zeit der Überlassung auf den Entleiher übergehen. Diese besondere Konstellation macht es schwierig, den beteiligten Personen konkrete Schutzpflichten zuzuweisen. Es kommt zur Überschneidung der Verantwortungsbereiche mit der Folge, dass sich Verleiher und Entleiher für den Arbeits- und Gesundheitsschutz des Leiharbeitnehmers nicht verantwortlich fühlen und sich in den Fragen des Arbeits- und Gesundheitsschutzes auf den jeweils anderen verlassen. Die Arbeitskräfte befinden sich in einer arbeitsschutzbezogenen Grauzone ohne eindeutige Zuordnung.[7] Im Folgenden wird daher versucht, die arbeitsschutzbezogenen Verantwortungsbereiche bei der gewerbsmäßigen Arbeitnehmerüberlassung näher zu bestimmen. Gewerbsmäßig i.S.d. AÜG heißt die auf Dauer angelegte, selbstständige Tätigkeit, die mit einer Gewinnerzielungsabsicht verbunden ist. Eine gewerbsmäßige Arbeitnehmerüberlassung liegt danach nur vor, wenn der Leiharbeitnehmer zu dem Zweck eingestellt wurde, ganz

---

[6] *Verband Deutscher Sicherheitsingenieure e.V.*, S. 91.

[7] *Julius*, S. 2.

oder überwiegend bei wechselnden Entleihern als Arbeitskraft eingesetzt zu werden. Für die gewerbliche Arbeitnehmerüberlassung ist eine Erlaubnis nach § 1 AÜG erforderlich. Die nichtgewerbsmäßige Arbeitnehmerüberlassung dagegen ist erlaubnisfrei. Sie liegt vor, wenn die Leiharbeitskraft hauptsächlich in dem Unternehmen des Verleihers arbeitet und nur ausnahmsweise gelegentlich im Unternehmen eines Dritten.

Dreiecksverhältnis der Arbeitnehmerüberlassung

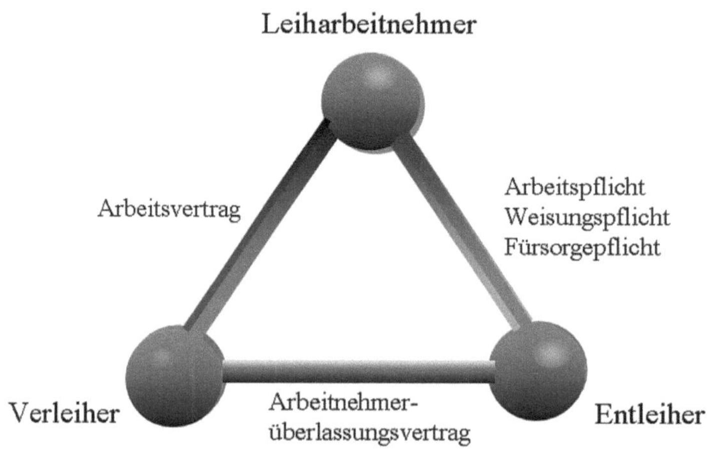

Abbildung 3: Dreiecksverhältnis der Arbeitnehmerüberlassung

2 Das System des deutschen Arbeitschutzrechts

Das Arbeitsschutzrecht setzt sich aus einer Vielzahl verstreuter Normen zusammen. Der Begriff des Arbeitsschutzes umfasst alle rechtlichen, organisatorischen, technischen und medizinischen Maßnahmen, die getroffen werden müssen, um die körperliche und psychische Unversehrtheit und bestimmte Persönlichkeitsrechte der in die Arbeitsorganisation des Arbeitgebers eingegliederten Beschäftigten zu schützen.[8] Zugleich umfasst er Maßnahmen, Mittel und Methoden zur Begrenzung von Folgen, wenn es zu Verletzungen und arbeitsbedingten Erkrankungen kommen sollte (z.B. Organisation der Ersten Hilfe) und Maßnahmen und Methoden der beruflichen Rehabilitation nach Unfällen und arbeitsbedingten Erkrankungen zur Reintegration in das Berufsleben.[9] Er verfolgt die Zielsetzung das Leben und die Gesundheit der Beschäftigten durch die Optimierung und Verbesserung von Gesundheitsschutz zu erhalten und zu fördern. Zum Schutz und Bewahren von Leben und Gesundheit der Beschäftigten gehören die Verhütung von Arbeitsunfällen und von arbeitsbedingten Erkrankungen. Der zweite Aspekt des Arbeitsschutzes, die Förderung der Gesundheit, umfasst alle Maßnahmen zur Stabilisierung der körperlichen und psychischen Gesundheit, zur Mobilisierung der Leistungsfähigkeit der Beschäftigten sowie zur Förderung der Arbeitszufriedenheit und des sozialen Wohlbefindens.

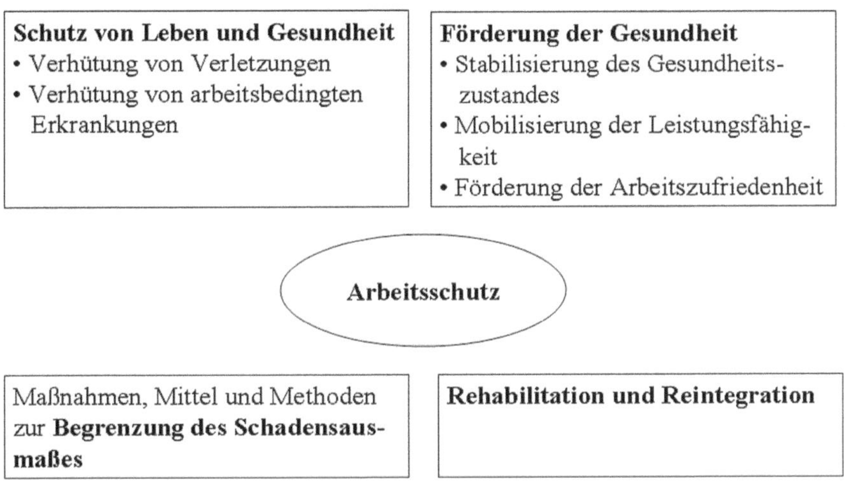

Abbildung 4: Übersicht zum Gegenstand des Arbeitsschutzes[10]

[8] *Wlotzke*, BArbBl. 1978, 147.

[9] *Pieper/Vorath*, S. 20.

[10] Quelle: *Wank/Börgmann*, S. 21.

2.1 Rechtliche Gliederung

Das Arbeitsschutzrecht lässt sich nach unterschiedlichen Kriterien systematisieren. Grundsätzlich lässt es sich rechtlich nach den Normen des privaten und des öffentlichen Rechts, nach dem Träger des Arbeitsschutzes und nach der Zielgruppe einteilen.

2.1.1 Der öffentlich-rechtliche Arbeitsschutz

Der überwiegende Teil des deutschen Arbeitsschutzrechts ist öffentlich-rechtlicher Natur. Der öffentlich-rechtliche Arbeitsschutz zeichnet sich durch einen dualen Aufbau aus. Neben dem staatlichen Arbeitsschutz steht der autonome Arbeitschutz der Berufsgenossenschaften. Das staatliche Arbeitsschutzrecht umfasst alle von Bund und Ländern erlassenen Normen, die darauf gerichtet sind, die Sicherheit und den Gesundheitsschutz der Beschäftigten zu gewährleisten.[11] Die verfassungsrechtlichen Grundlagen des Arbeitsschutzes bilden Art. 1 Abs. 1, Art. 2 Abs. 2 und Art. 20 Abs. 1 GG. Der Arbeitsschutz leitet sich aus dem Recht eines jeden Menschen auf seine Würde, auf Leben und körperliche Unversehrtheit, aus dem Recht der Unverletzlichkeit der Freiheit der Person sowie aus dem Sozialstaatsgebot ab.[12]

2.1.2 Der privatrechtliche Arbeitsschutz

Als wichtigste privatrechtliche Arbeitsschutzvorschriften sind § 618 Abs. 1 BGB i.V.m. § 619 HGB sowie § 62 HGB zu nennen, die den Arbeitgeber zwingend verpflichten die Arbeitnehmer gegen Gefahren für Leben und Gesundheit grundsätzlich zu schützen. Für sie gilt der Grundsatz der Transformation der öffentlich-rechtlichen Arbeitsschutzvorschriften in das private Arbeitsschutzrecht. Danach sind alle Pflichten, die den Arbeitgeber nach den für ihn geltenden öffentlich-rechtlichen Rechtsvorschriften obliegen, zugleich Pflichten gegenüber den Beschäftigten aus dem Arbeitsverhältnis, soweit sie geeignet sind, Gegenstand einer arbeitsvertraglichen Vereinbarung zu sein.

---

[11] *Wank/Börgmann*, S. 12.

[12] *Kittner/Pieper*, ArbSchG, Einl. Rz. 23.

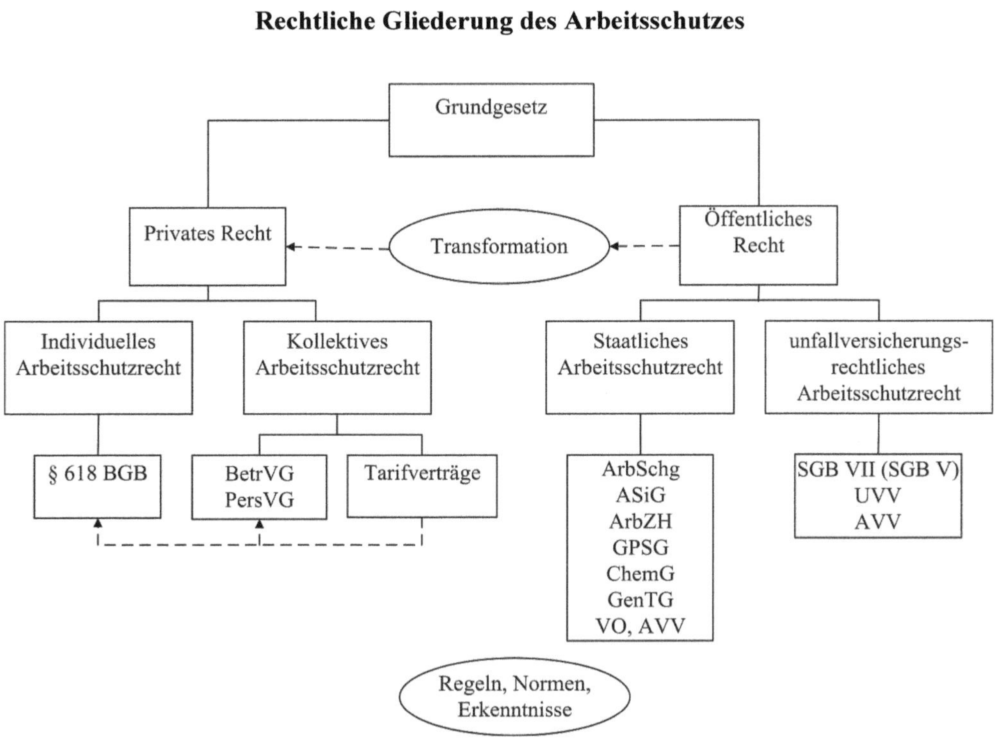

Abbildung 5: Rechtliche Gliederung des Arbeitsschutzes[13]

2.2 Gliederung nach dem Träger des Arbeitsschutzes

Nach dem Träger des Arbeitsschutzes wird unterschieden zwischen staatlichem Arbeitsschutz, der durch den Staat gewährleistet wird, dem privaten Arbeitschutz, in dem der Betriebs- und Personalrat eingeschaltet ist und den autonomen Arbeitsschutz, der von den Unfallversicherungsträgern sichergestellt wird. Der öffentlich-rechtliche autonome Arbeitsschutz ist durch das SGB VII geregelt. Unfallversicherungsträger sind die gewerblichen Berufsgenossenschaften, die Landwirtschaftliche Unfallversicherung und die Unfallversicherungsträger im Bereich des öffentlichen Dienstes (Unfallkassen, Gemeindeunfallversicherungsverbände). Die Unfallversicherungsträger sind nach § 15 SGB VII dazu legitimiert, Unfallverhütungsvorschriften als autonomes Satzungsrecht zu erlassen, die nach § 21 SGB VII von den Unternehmen und den versicherten Arbeitnehmern zu beachten sind.

[13] Quelle: Kittner/Pieper, ArbSchG, S. 47.

2.3 Gliederung nach Zielen und Zweckbestimmungen

Im Hinblick auf die unterschiedlichen Ziele und Zweckbeziehungen wird allgemein zwischen sozialem, technischen und medizinischen Arbeitsschutzrecht unterschieden. Zum sozialen Arbeitsschutz gehören die Arbeitszeitvorschriften (ArbZG, BUrlG) und die Normen, die dem Schutz besonderer Arbeitnehmergruppen dienen (Jugendliche: JArbSchG, Mütter: MuSchG, Schwerbehinderte: SGB IX). Der technische Arbeitsschutz knüpft an die arbeitsbedingten Gefährdungen an und umfasst die Arbeitsschutzmaßnahmen, die getroffen werden müssen, um den Arbeitnehmer vor Unfällen bei der Arbeit und den Schutz vor arbeitsbedingten Gesundheitsgefahren zu bewahren. Hierzu zählen beispielsweise die Normen des Arbeitsschutzgesetzes, der Arbeitsstättenverordnung, des Arbeitssicherheitsgesetzes und der Gefahrstoffverordnung. Auch die Unfallverhütungsvorschriften der Berufsgenossenschaften fallen hierunter. Zu dem medizinischen Arbeitsschutz zählen alle Vorschriften, durch den eine gesunde Arbeitsumgebung erreicht werden soll. An der Unterscheidung zwischen sozialem und technischen Arbeitsschutz wird teilweise bemängelt, dass eine Abgrenzung wegen der sich zum Teil überschneidenden Zielsetzungen nicht möglich sei.[14] Darüber hinaus wird darauf verwiesen, dass es eine Differenzierung nach technischem, sozialem und medizinischem Arbeitsschutzrecht auf europäischer Ebene nicht gibt, so dass diese Trennung zunehmend obsolet würde.[15]

---

[14] *Wlotzke/Richardi*, MünchArbR Bd. 2, § 207 Rz. 7 mit Beispielen anhand der GefStoffV, des JArbSchG, MuSchG, SGB IX).

[15] *Bremer*, S. 45.

3 System des Arbeitsschutzrechts nach europäischem Recht

Bei Betrachtung der unterschiedlichen Teilgebiete des Arbeitsrechts ist das Arbeitsschutzrecht dasjenige, das durch EG-Recht bisher am stärksten beeinflusst worden ist.[16] Im Zusammenhang mit dem EG-Recht ist zunächst zu unterscheiden zwischen dem primären EG-Recht, das sich aus den Vertragswerken der Gemeinschaft ergibt und dem sekundären EG-Recht, das sich auf vertraglich festgelegte Kompetenzen stützt. Als Instrument des sekundären EG-Rechts sind Verordnungen, Richtlinien, Entscheidungen sowie Empfehlungen und Stellungnahmen zu nennen. Für das EG-Arbeitsschutzrecht sind vor allem Richtlinien von Bedeutung, die als sekundäres Gemeinschaftsrecht der Umsetzung in nationales Recht bedürfen. Richtlinien mit arbeitsschutzrechtlichen Inhalten stützen sich auf zwei Ermächtigungsgrundlagen des EG-Vertrages, Art. 95 (früher Art. 100a; vorgreifender, produktbezogener Arbeitsschutz) und Art. 137 (früher Art. 118a; betrieblicher, verhaltensbezogener Arbeitsschutz) EGV.[17] Für den Arbeitsschutz im Bereich der Arbeitnehmerüberlassung ist die EU-Richtlinie 91/383/EWG[18] von besonderer Bedeutung. Die Richtlinie verfolgt den Zweck hinsichtlich der Sicherheit und des Gesundheitsschutzes am Arbeitsplatz eine Gleichbehandlung der Leiharbeitnehmer mit den Arbeitnehmern des Entleihers zu gewährleisten (vgl. Art. 2 Abs. 1 der Richtlinie 91/383/EWG). Sie sieht für den Entleiher u.a. die Verpflichtung vor, den Leiharbeitnehmer vor Arbeitsaufnahme über das Tätigkeitsprofil des Arbeitsplatzes zu unterrichten (Art. 3) und zu unterweisen (Art. 4). Ferner soll durch eine ärztliche bzw. verwaltungsmäßige Kontrolle der Arbeits- und Gesundheitsschutz verbessert und sichergestellt werden (Art. 5 und Art. 6). In Art. 7 der Richtlinie sind besondere Auskunfts- und Unterrichtungspflichten für den Entleiher hinsichtlich des Qualifikationsprofils der Arbeitsplätze geregelt. Art. 8 stellt schließlich heraus, dass unbeschadet der Verantwortung des Verleihers der Entleiher verpflichtet ist, die Einhaltung des Arbeitsschutzes sicherzustellen. Gem. Art. 10 Abs. 1 der Richtlinie waren die Mitgliedsstaaten verpflichtet, die Richtlinie bis spätestens 31.12.1992 in nationales Recht umzusetzen. Der deutsche Gesetzgeber ist dieser Verpflichtung erst am 07.08.1996 mit Art. 2 und 5 des Gesetzes zur Umsetzung der EG-Rahmenrichtlinie Arbeitsschutz und weiterer Arbeitsschutzrichtlinien nachgekommen. Hierdurch wurden einzelne Regelungen des AÜG (v.a. § 11 Abs. 6 AÜG) und des ArbschG (v.a. § 12 ArbSchG) modifiziert. Hinsichtlich der Umsetzung wird kritisiert, dass die in § 1 Abs. 3 Nr. 1 bis 3 AÜG geregelten Überlassungsformen der Konzernleihe, der tariflich geregelten Arbeitnehmerüberlassung innerhalb dessel-

[16] *Wlotzke/Richardi*, MünchArbR Bd. 2, § 206 Rz. 83.

[17] *Kittner/Pieper*, ArbSchG, Einl. Rz. 65.

[18] Richtlinie 91/383/EWG des Rates zur Ergänzung der Maßnahmen zur Verbesserung der Sicherheit und des Gesundheitsschutzes von Arbeitnehmern mit befristetem Arbeitsverhältnis oder Leiharbeitsverhältnis vom 25.06.1991 (ABl. EG Nr. L 206, S. 19); die Richtlinie ist im Anhang aufgeführt.

ben Wirtschaftszweiges sowie die Auslandsüberlassung von den Schutzvorschriften ausgenommen werden, was im Widerspruch zur Richtlinie 91/383/EWG stehe.[19] Ferner erstrecke sich die Richtlinie auch auf die nichtgewerbsmäßige Arbeitnehmerüberlassung, da der Unternehmerbegriff EG-rechtlich nicht voraussetzt, dass die ausgeübte Tätigkeit auf Gewinn ausgerichtet ist.[20] Die bisherige Umsetzung genügt daher nicht im vollen Umfang den Vorgaben der Richtlinie.

[19] *Ulber*, AÜG, Einl. F, Rz. 43.

[20] EuGH vom 08.06.1994, EuroAS 1994, 8; *Ulber*, AÜG, Einl. F, Rz. 42.

4 Der öffentlich-rechtliche Arbeitsschutz in der Arbeitnehmerüberlassung

4.1 Die Arbeitsschutzpflichten im Verhältnis Entleiher zu Leiharbeiter

4.1.1 Pflichten nach dem Arbeitnehmerüberlassungsgesetz

Das Pflichtenverhältnis zwischen Entleiher und Leiharbeiter ist gesetzlich normiert in § 11 Abs. 6 S. 1 AÜG. Hiernach unterliegt die Tätigkeit der überlassenen Arbeitskraft den im Entleihbetrieb geltenden Normen des öffentlich-rechtlichen Arbeitsschutzrechts. Der Entleiher hat demnach die Pflicht, alle die sich aus diesen Vorschriften ergebenen Maßnahmen zu ergreifen, um einen Schutz der Leiharbeitnehmer vor Arbeitsunfällen und Gesundheitsgefahren am Arbeitsplatz sicherzustellen.

In § 11 Abs. 6 S. 2 und 3 AÜG sind genaue arbeitsschutzbezogene Pflichten des Entleihers im Verhältnis zum Leiharbeiter geregelt. Hiernach hat der Entleiher die Pflicht, den Leiharbeitnehmer vor Beginn der Beschäftigung und bei Veränderungen im Arbeitsbereich über die mit der Arbeit verbundenen Gefahren und die Maßnahmen und Einrichtungen zu deren Abwehr zu unterrichten. Durch diese arbeitsplatzspezifischen Informationen soll der Leiharbeiter in die Lage versetzt werden, Arbeitsschutzanordnungen richtig zu erfassen, Gesundheitsgefahren zu erkennen und sich sicherheitsgerecht zu verhalten. Zusätzlich muss die Unterrichtung auch über die Notwendigkeit besonderer Qualifikationen und beruflicher Fähigkeiten, spezielle ärztliche Überwachungen und besondere erhöhte Gefahren des Arbeitsplatzes aufklären.

Fraglich ist jedoch, was genau der Begriff der Unterrichtung für den Entleiher bedeutet. Eine Definition ist im ÄUG nicht enthalten. Wenn man vom allgemeinen Wortverständnis ausgeht, kann Unterrichten sowohl eine umfassende pädagogische oder schulische Ausbildung als auch die bloße Weitergabe von Informationen bedeuten. Klarheit in Bezug auf die Reichweite des Begriffes kann durch Betrachtung der zugrundeliegenden Richtlinie 91/383/EWG erzielt werden. Diese verwendet ebenfalls den Begriff des Unterrichtens. Ein Vergleich mit der englischen und französischen Fassung der Richtlinie, die die Begriffe information (engl.) bzw. informé (fr.) verwenden, macht jedoch deutlich, dass unter der Unterrichtung eher eine Informationspflicht zu verstehen ist. Dass der Begriff nicht eine umfassende Ausbildung bedeuten kann, wird auch durch den Vergleich mit Art. 4 der Richtlinie ersichtlich. Hier wird der Terminus der Unterweisung angeführt, der dem Unterrichten im pädagogischen Sinn verwandter ist. Auch die Betrachtung der englischen bzw. französischen Wortlaute (training bzw. formation) machen erkennbar, dass die Unterweisung weiterreichend und von der Unterrichtung zu differenzieren ist. Folglich ist unter der Unterrichtung i.S.d. § 11 Abs. 6 S. 2, 3 AÜG nur die Weitergabe von Informationen an den

Leiharbeitnehmer zu verstehen, was auch im Einklang mit der amtliche Begründung[21] des Richtlinienentwurfs steht, in der ausdrücklich von Information die Rede ist.

Der Leiharbeitnehmer soll durch den Entleiher über die objektiven Merkmale der Arbeit in Kenntnis gesetzt werden, damit dieser selbst einschätzen kann, ob er für die Tätigkeit geeignet ist.[22] Für diese Einschätzung ist erforderlich, dass er durch den Entleiher sowohl über sämtliche Risiken und Gefahrenquellen seines Arbeitsbereichs als auch über Maßnahmen und Einrichtungen zur Abwehr informiert wird. Bei der Information des Leiharbeitnehmers kann auf die Ergebnisse der nach § 5 ArbSchG durchzuführenden Gefährdungsanalyse und der nach § 6 Abs. 1 ArbSchG anzufertigende Dokumentation zurückgegriffen werden.

4.1.2 Pflichten nach dem Arbeitsschutzgesetz

Zu den in § 11 Abs. 6 S. 1 AÜG genannten öffentlich-rechtlichen Vorschriften des Arbeitsschutzrechts, die der Entleiher auch gegenüber Leiharbeitern zu beachten hat, gilt insbesondere das Arbeitschutzgesetz. Die Anwendung des Arbeitsschutzgesetzes setzt jedoch nach § 2 Abs. 2 ArbSchG ein Beschäftigungsverhältnis zwischen Entleiher und Leiharbeitskraft voraus. Problematisch ist, ob der Leiharbeitnehmer als Beschäftigter des Entleihers anzuerkennen ist. Wer Beschäftigter i.S.d. ArbSchG ist, wird in § 2 Abs.2 ArbSchG konkretisiert. § 2 Abs. 2 ArbSchG enthält hierzu eine enumerative Aufzählung von Personengruppen, die dem Beschäftigtenbegriff des ArbSchG unterfallen. Da Leiharbeitnehmer weder in einem Beamten- noch in einem Ausbildungsverhältnis stehen und auch nicht als Richter, Soldaten oder in Werkstätten für Behinderte beschäftigt sind, kommen lediglich die Arbeitnehmer und arbeitnehmerähnlichen Personen nach § 2 Abs. 2 Nr. 1 und Nr. 3 ArbSchG in Betracht.

4.1.2.1 Arbeitnehmerinnen und Arbeitnehmer, § 2 Abs. 2 Nr. 1 ArbSchG

Die Leiharbeitskraft könnte als Arbeitnehmerin bzw. Arbeitnehmer nach § 2 Abs. 2 Nr. 1 ArbSchG anzusehen sein. Arbeitnehmer ist, wer aufgrund eines privatrechtlichen Vertrages im Dienste eines anderen verpflichtet ist, fremdbestimmte Arbeit in persönlicher Abhängigkeit zu erbringen.[23] Da ein Leiharbeitnehmer nur zum Verleiher in arbeitsvertraglicher Beziehung steht, ist er nach dieser Definition nicht als Arbeitnehmer des Entleihers zu qualifizieren. Nur unter der Prämisse, dass die Leiharbeitskraft zwei Arbeitsverhältnissen gleichzeitig unterfällt (sog. Theorie vom Doppelarbeitsverhältnis[24]), wäre der Leiharbeitnehmer auch als Arbeitnehmer des Entleihers anzuerkennen. Diese Theorie wird jedoch in

[21] BR-Drs. 609/90, S. 30.

[22] BR-Drs. 609/90, S.29, 30.

[23] St. Rspr., BAG AP, Nr. 42, 45, 53, 60 zu § 611 BGB (Abhängigkeit).

[24] Vgl. *Mayer-Maly*, ZfA 1972, 23, 30ff.; *Heußner*, DB 1973, 1800, 1802.

Rechtsprechung und Literatur einhellig abgelehnt.[25] Eine Einordnung des Leiharbeiters als Arbeitnehmer bzw. als Arbeitnehmerin des Entleihers kommt demnach nicht in Betracht.

4.1.2.2 Arbeitnehmerähnliche Person, § 2 Abs. 2 Nr. 3 ArbSchG

Leiharbeitnehmer unterfallen dem Beschäftigtenbegriff des ArbSchG, wenn sie als arbeitnehmerähnliche Personen gem. § 2 Abs. 2 Nr. 3 ArbSchG i.V.m. § 5 Abs. 1 ArbGG zu qualifizieren sind. Unter arbeitnehmerähnlichen Personen werden in der Rechtsprechung diejenigen Personen verstanden, die wirtschaftlich abhängig und darüber hinaus einem Arbeitnehmer vergleichbar sozial schutzbedürftig sind.[26] Die Begriffsbildung orientiert sich dabei an der tarifrechtlichen Reglung in § 12a TVG. Bei der Frage, ob der Auffangtatbestand des § 2 Abs. 2 Nr. 3 ArbSchG einschlägig ist, wird insbesondere auf die Einkommens- und Vermögensverhältnisse abgestellt. Eine Einordnung als arbeitnehmerähnliche Person wird demnach bejaht, wenn die durch die Beschäftigung erzielte Vergütung die entscheidende Existenzgrundlage darstellt und die Einkommens- und Vermögensverhältnisse innerhalb der an § 5 Abs. 3 ArbGG orientierten Obergrenze liegen.[27] Ob Leiharbeitnehmer bezüglich der Einkommens- und Vermögensverhältnisse diesen Voraussetzungen entsprechen, kann dahingesellt bleiben, da bereits die geforderte wirtschaftliche Abhängigkeit im Verhältnis zum Entleiher nicht gegeben ist. Eine unmittelbare wirtschaftliche Abhängigkeit liegt nur im Verhältnis zum Verleiher vor, der als Arbeitgeber die Lohnzahlungspflicht trifft. Den Entleiher trifft im Innenverhältnis die Pflicht, die Überlassungsvergütung an den Verleiher abzuführen. Eine wirtschaftliche Abhängigkeit des Leiharbeitnehmers vom Entleiher und damit die Qualifizierung des Leiharbeitnehmers als arbeitnehmerähnliche Person ist demnach nicht gegeben.

Die Einordnung als arbeitnehmerähnliche Person über die wirtschaftliche Abhängigkeit zu definieren, stößt in der Literatur jedoch auf Kritik.[28] Um den Begriff der arbeitnehmerähnlichen Person zu ermitteln, muss ein dem Normzweck entsprechender Sinnzusammenhang zwischen Tatbestand und Rechtsfolge bestehen.[29] Die Frage, ob ein Beschäftigter vor Beginn der Tätigkeit eine Unterweisung erhält, eine persönliche Schutzausrüstung zur Verfügung gestellt bekommt oder der Betriebsinhaber eine Gefährdungsanalyse zu machen hat, kann demnach nicht nach der wirtschaftlichen Abhängigkeit des eingesetzten Personals entschieden werden. Die wirtschaftliche Abhängigkeit trifft insoweit keine Aussage über die Schutzbedürftigkeit der Arbeitskraft am Arbeitsplatz. Daher ist nach einer anderen Auslegung des Begriffs der arbeitnehmerähnlichen Personen zu suchen, die dem Norm-

---

[25] Vgl. *Weber*, S. 50, *Gick*, S. 90-93; *Worpenberg*, S. 156 ff.

[26] *Kollmer,* ASchG, § 2 Rdnr. 77.

[27] Vgl. BAG E 25, 248, 253.

[28] *Kollmer* ASchG, § 1 Rdnr. 78.

[29] Ebenda.

zweck besser gerecht wird. Im Zusammenhang mit den § 1 JArbSchG, § 138 Abs. 1 SGB IX und § 2 Abs. 2 SGB VII hat die Rechtsprechung und die Literatur sich bereits von der Auslegung nach den tarifrechtlichen Kategorien, d.h. die Zuordnung zu den arbeitnehmerähnlichen Personen an das Kriterium der wirtschaftlichen Abhängigkeit zu knüpfen, gelöst. Stattdessen wird eine tätigkeits- und organisationsbezogene Auslegung der arbeitnehmerähnlichen Person favorisiert. Dieser Ansatz hat sich auch im Arbeitsschutzgesetz durchgesetzt. Eine arbeitnehmerähnliche Beschäftigung i.S.v. § 2 Abs. 2 Nr. 3 ArbSchG liegt danach dann vor, wenn die Beschäftigung derart mit dem betriebsorganisatorischen Rahmen verknüpft ist, dass die Gefährdung am Arbeitsplatz auch von Entscheidungen des Betriebsinhabers abhängen, dieser sie also kontrollieren und beeinflussen kann. Die betriebsfremden Arbeitskräfte kommen dann ähnlich wie die Stammarbeitnehmer mit den betrieblichen Gefahren in Berührung. Leiharbeitnehmer sind demnach als arbeitnehmerähnlich und folglich als Beschäftigte i.S.d. § 2 Abs. 3 ArbSchG zu qualifizieren, da sie eine Tätigkeit für den Entleiher erbringen und hierbei in dessen betriebsorganisatorischen Rahmen eingebunden sind.

4.1.2.3 Entleiher als Arbeitgeber i.S.d. § 2 Abs. 3 ArbSchG

Die im Arbeitsschutzgesetz geregelten Pflichten richten sich in erster Linie an den Arbeitgeber. Sie sind im zweiten Abschnitt dieses Gesetzes geregelt. Es stellt sich jedoch die Frage, ob im Rahmen eines Arbeitnehmerüberlassungsverhältnisses der Entleiher als Arbeitgeber i.S.d. ArbSchG zu qualifizieren ist. Grundsätzlich ist festzustellen, dass nach der Konzeption des AÜG der Entleiher kein Arbeitgeber der Leiharbeitskraft ist.[30] Eine arbeitsvertragliche Beziehung besteht nur im Verhältnis zwischen Verleiher und Leiharbeitnehmer. Auch die Theorie des Doppelarbeitsverhältnisses, die versucht, ein weiteres arbeitsrechtliches Schuldverhältnis zwischen Entleiher und Leiharbeitnehmer zu konstruieren, hat sich in der Praxis nicht durchgesetzt.[31] Gleiches ist im Ergebnis auch bei den Modellen zu konstatieren, die versuchen, über den Weg des Vertragsbeitritts[32], der partiellen Vertragsübernahme[33] oder des dreiseitigen Arbeitsverhältnisses[34] ein Schuldverhältnis zu entwickeln. Stattdessen wird die Einzelvertragstheorie angewandt, wonach allein der Verleiher in arbeitsrechtlicher Beziehung zum Leiharbeitnehmer steht.

§ 11 Abs. 6 AÜG stellt jedoch klar, dass der Entleiher in arbeitsschutzrechtlicher Hinsicht, eine „arbeitgeberähnliche“[35] Stellung einnimmt, da ihm bezüglich des Leiharbeitnehmers

[30] Vgl. § 1 Abs. 1 S. 1 AÜG.

[31] Siehe hierzu unter: 4.1.2.1.

[32] *Heinze,* ZFA 1976, 183, 201 ff.

[33] *Müllner*, S. 62 f.

[34] *Weber*, S. 50.

[35] Vgl. *Julius*, S. 99.

arbeitsschutzrechtliche Pflichten auferlegt werden, die vergleichbar mit denen eines Vertragsarbeitgebers (= Verleiher) sind. Es könnte demnach erwogen werden, die Qualifikation des Entleihers als Arbeitgeber aus dieser Norm herzuleiten. Hiergegen spricht aber, dass das ArbSchG zum Begriff des Arbeitgebers in § 2 Abs. 3 ArbSchG eine eigene Regelung enthält, die damit spezieller ist und aus diesem Grund Vorrang genießt. Arbeitgeber sind nach der Legaldefinition des § 2 Abs. 3 ArbSchG natürliche und juristische Personen, die Personen nach Abs. 2 beschäftigen.

In der Literatur besteht Uneinigkeit darüber, ob diese Definition dem allgemeinen Arbeitgeberbegriff des Arbeitsrechts entspricht oder ob sie über diesen hinausgeht. Nach der allgemeinen arbeitsrechtlichen Begriffsbestimmung ist derjenige Arbeitgeber, der den vertraglichen Anspruch auf die Dienstleistung hat.[36] Die Meinung, die den arbeitsschutzrechtlichen Arbeitgeberbegriff mit dieser allgemeinen Definition gleichsetzt, begründet ihre Ansicht mit einem Verweis auf die entsprechende Regelung des Art. 3 b der Arbeitsschutzrahmenrichtlinie.[37] Hiernach ist Arbeitgeber, wer Vertragspartei des Beschäftigungsverhältnisses ist und die Verantwortung für das Unternehmen bzw. den Betrieb trägt.

Nach einer anderen Ansicht[38] ist der Arbeitgeberbegriff des ArbSchG dagegen weiterreichend. Arbeitgeber ist danach nicht nur derjenige, der als Vertragspartei Anspruch auf die Dienstleistung hat, sondern auch die Person, die einen anderen zu einem Tun heranzieht und dessen Tätigkeit in Anspruch nimmt.[39] Es wird also nicht auf das Merkmal der vertraglichen Bindung, sondern auf die tatsächliche Beschäftigung der Arbeitskraft durch den Arbeitgeber abgestellt. Zur Begründung wird zunächst auf den Wortlaut des § 2 Abs. 3 ArbSchG verwiesen, der sich stärker an die Formulierungen des supranationalen Rechts und zwar an den Übereinkommen Nr. 167 (Arbeitsschutz im Bauwesen) und 176 (Arbeitsschutz in Bergwerken) anlehne. Beide Übereinkommen definieren Arbeitgeber übereinstimmend als jede natürlich und juristische Person, die einen oder mehrere Arbeitnehmer beschäftigen. Des Weiteren wird angeführt, dass der arbeitschutzrechtliche Arbeitgeberbegriff im Wesentlichen der Definition in § 3 JArbSchG entspreche.[40] Danach ist Arbeitgeber, wer ein Kind oder einen Jugendlichen gem. § 1 JArbSchG beschäftigt. Diese Definition wurde nach eingehenden Diskussionen übereinsstimmend als eine über den vertragsrechtlichen Arbeitgeberbegriff hinausgehende Begriffsbestimmung verstanden.[41]

---

[36] BAGE 40, 145 (149).

[37] *Kittner/Pieper*, ArbSchG, § 2, Rz. 23.

[38] *Kollmer*, ArbSchG, § 2, Rz.122 ff.

[39] *Kollmer*, ArbSchG, § 2, Rz.126.

[40] *Kollmer*, ArbSchG, § 2, Rz. 125.

[41] Ebenda.

Fraglich ist, welcher der beiden Meinungen Vorrang gewährt werden sollte. Die Gesetzesbegründung des ArbSchG weist lediglich darauf hin, dass die Arbeitgeberdefinition an diejenige des Art. 3 b der Rahmenrichtlinie angelehnt ist.

Die Definition des Art. 3 b der Arbeitsschutzrahmenrichtlinie stellt, wie bereits erläutert, auf ein bestehendes Vertragsverhältnis zwischen Arbeitgeber und Arbeitnehmer ab. Bei der gesetzlichen Umsetzung dieses Artikels in § 2 Abs. 3 ArbSchG, wurde jedoch auf das Erfordernis der vertraglichen Bindung verzichtet. Für die weite Auslegung des Arbeitgeberbegriffs spricht des Weiteren, dass die Beschäftigteneigenschaft von der h.M. nicht an eine vertraglichen Bindung, sondern an die tatsächliche Inanspruchnahme und Einbindung in die Betriebsorganisation geknüpft wird.[42] Es wäre demnach sinnwidrig, wenn der Arbeitgeberbegriff eine vertragliche Bindung voraussetzen würde, die für seine Beschäftigten nicht erforderlich ist.[43] Die weite Betrachtungsweise, die auf die tatsächliche Beschäftigung der Arbeitskraft und deren organisatorische Eingliederung in den Betrieb und nicht auf vertragsrechtliche Beziehung abstellt, erscheint demnach als vorzugswürdig. Im Ergebnis ist damit zu konstatieren, dass der im ArbSchG verwendete Arbeitgeberbegriff von dem des allgemeinen Arbeitsrechts abweicht. In Bezug auf das Arbeitnehmerüberlassungsverhältnis bedeutet das, dass der Entleiher im Verhältnis zur Leiharbeitskraft als Arbeitgeber i.S.d. § 2 Abs. 3 ArbSchG anzuerkennen ist. Dieses Ergebnis widerspricht auch nicht den allgemeinen Grundsätzen des AÜG, wonach der Entleiher kein Arbeitgeber der Leiharbeitskraft ist, sondern stützt die im AÜG allgemein anerkannte partielle Arbeitgeberstellung des Entleihers, die insbesondere durch § 11 Abs. 6 S. 1 AÜG zum Ausdruck gebracht wird.[44] Folglich ergibt sich die arbeitsschutzrechtliche Pflichtenstellung des Entleihers im Verhältnis zur Leiharbeitskraft unmittelbar aus dem ArbSchG selbst und bedarf keinem Rückgriff auf § 11 Abs. 6 AÜG.

4.1.2.4 Rechtsfolgen für den Entleiher

Die Einordnung des Leiharbeitnehmer als Beschäftigter i.S.d. § 2 Abs. 2 ArbSchG, die als arbeitnehmerähnliche Person während ihres Einsatzes im Entleiherbetrieb in dessen äußeren betrieblichen Organisationsrahmen eingebunden ist und die gleichzeitige Qualifizierung des Entleihers als Arbeitgeber i.S.d. § 2 Abs. 3 ArbSchG, haben zur Konsequenz, dass die Leiharbeitskräfte arbeitschutzrechtlich so behandelt werden, als wenn sie Stammarbeitnehmer des Unternehmens wären. Der Entleiher hat demnach auch gegenüber den Leiharbeitskräften die Pflichten des ArbSchG zu beachten. Diese sind im Zweiten Abschnitt des ArbSchG geregelt. Danach trifft ihn auch in der Position als Entleiher die in § 3 ArbSchG normierte arbeitsschutzrechtliche Grundpflicht, die erforderlichen Maßnahmen des Arbeitschutzes zu treffen, um einen umfassenden Schutz der Beschäftigten vor Gesundheitsge-

---

[42] Vgl. Ausführungen unter 4.1.2.2.

[43] *Julius*, S. 101.

[44] *Julius*, S. 103.

fährdungen bei der Arbeit zu realisieren. Er hat nach § 3 Abs. 2 ArbSchG zur Planung und Durchführung dieser Maßnahmen für eine geeignete Arbeitsschutzorganisation zu sorgen, die hierfür geeigneten Mittel bereitzustellen und Vorkehrungen zu treffen, dass die Maßnahmen erforderlichenfalls bei allen Tätigkeiten und eingebunden in die betrieblichen Führungsstrukturen beachtet werden. Ferner hat er bei der Durchführung der Schutzmaßnahmen die allgemeinen Grundsätze nach § 4 ArbSchG zu beachten.[45] Der Entleiher hat des Weiteren die Leiharbeitskräfte und die Arbeiten, die in der Regel von ihnen ausgeübt werden, i.R. seiner Gefährdungsbeurteilung nach § 5 ArbSchG zu berücksichtigen. Er hat die Gefährdungen für die Leiharbeitskräfte zu ermitteln und zu bewerten und auf dieser Grundlage die notwendigen Maßnahmen des Arbeitsschutzes i.S.d. § 2 Abs. 1 ArbSchG umzusetzen. Gem. § 6 Abs. 1 ArbSchG trifft den Entleiher die Pflicht, das Ergebnis der Gefährdungsbeurteilung, die Maßnahmen des Arbeitsschutzes und das Ergebnis ihrer Überprüfung zu dokumentieren.

Auch bei der in § 7 ArbSchG normierten Vorschrift, die den Arbeitgeber bei der Übertragung von Arbeiten dazu verpflichtet, darauf zu achten, dass die Beschäftigten körperlich und geistig in der Lage sind, die für die Arbeiten maßgeblichen Schutzvorschriften und angeordneten Schutzmaßnahmen zu erfassen und durchzuführen[46], gilt uneingeschränkt gegenüber den beschäftigten Leiharbeitskräften. Allerdings handelt es sich hierbei gem. § 4 Nr. 5 ArbSchG um eine individuelle und damit nachrangige Arbeitsschutzmaßnahme, die erst getroffen wird, sobald der Schutz durch technische und organisatorische Maßnahmen gewährleistet ist.

Des Weiteren ist in § 9 Abs. 1 ArbSchG die Verpflichtung enthalten, den Leiharbeitskräften besondere Anweisungen zu erteilen, wenn sie in besonders gefährlichen Arbeitsbereichen eingesetzt werden. Der Entleiher hat sie nach § 9 Abs. 2 ArbSchG möglichst frühzeitig über getroffene Schutzmaßnahmen zu unterrichten und dafür zu sorgen, dass sie bei unmittelbar erheblicher Gefahr, d.h. bei einer Sachlage, bei welcher der Eintritt des Schadens sehr wahrscheinlich ist oder ein Eintritt nicht mehr abgewendet werden kann und der Schaden nach Art oder Umfang besonders schwer ist[47], in der Lage sind, die geeigneten Gefahrenabwehrmaßnahmen selbst treffen zu können. Daneben hat der Entleiher seine Leiharbeitnehmer bei der Schaffung von geeigneten Fluchtmöglichkeiten nach § 9 Abs. 3 ArbSchG sowie von Erste Hilfe- und sonstigen Notfallmaßnahmen i.S.d. § 10 Abs. 1 ArbSchG zu berücksichtigen.

---

[45] Dazu *Kittner/Pieper*, ArbSchG, § 4, Rz. 5 ff.

[46] Vgl. BT-Drs. 13/3540, S. 17.

[47] Vgl. *Kittner/Pieper*, ArbSchG, § 4, Rz. 2.

Schließlich haben die Leiharbeitskräfte gem. § 11 ArbSchG einen Anspruch auf arbeitsmedizinische Vorsorge. Dieser Anspruch besteht allerdings nicht, wenn aufgrund der Gefährdungsbeurteilung nach § 5 ArbSchG nicht mit einem Gesundheitsschaden zu rechnen ist.[48]

4.1.2.5 Die Bedeutung des § 12 Abs. 2 ArbSchG i.R.d. Arbeitnehmerüberlassung

§ 12 Abs. 2 ArbSchG ist die einzige Norm im ArbSchG, die dem Entleiher eine ausdrückliche Pflicht gegenüber den Leiharbeitskräften zuweist. Hiernach hat der Entleiher die Pflicht, den Leiharbeitnehmer über Sicherheit und Gesundheitsschutz bei der Arbeit während der Arbeitszeit ausreichend und angemessen unter Berücksichtigung der Qualifikation und der Erfahrung zu unterweisen. Eine ausreichende und angemessene Unterweisung umfasst Anweisungen und Erläuterungen, die individuell auf den Arbeitsplatz oder den Aufgabenbereich zugeschnitten sind.[49] Sie muss sowohl über die bestehenden Gefährdungen als auch über getroffene bzw. Arbeitsschutzmaßnahmen informieren, um den Beschäftigten in den Stand zu versetzen, Arbeitsschutzanordnungen richtig zu erfassen, Gefahrsituationen zu erkennen und sich sicherheitsgerecht zu verhalten.[50] Ferner muss sie nicht nur bei der Einstellung, d.h. der erstmaligen Übernahme einer Tätigkeit, sondern auch dann erfolgen, wenn sich der Aufgabenbereich verändert, wenn neue Arbeitsmittel oder eine neue Technologie eingeführt werden. Sie muss vor Aufnahme der Tätigkeit erfolgen.[51] Der Inhalt der Unterweisung wird durch Rechtsverordnungen nach §§ 18, 19 ArbSchG und sonstigen Rechtsvorschriften i.S.d. § 2 Abs. 4 ArbSchG konkretisiert.

Die Unterweisung i.S.d. § 12 Abs. 1 ArbSchG ist jedoch von der Unterrichtung nach § 11 Abs. 6 S. 2, 3 AÜG zu differenzieren. Die Unterweisung ist in ihrem Umfang weitreichender als die Unterrichtung, die sich auf eine reine Informationsvermittlung der am Arbeitsplatz vorhandenen Risiken und Gefahren beschränkt.[52]

Fraglich ist, welche Bedeutung dem § 12 Abs. 2 ArbSchG für die Pflichtenstellung des Entleihers zukommt. Teilweise wird die Ansicht vertreten, dass diese Norm konstitutiven Charakter habe, d.h. dass erst durch sie die Unterweisungspflicht des Entleihers begründet würde.[53] Wenn man jedoch Leiharbeitskräfte als Beschäftigte i.S.d. § 2 Abs. 2 ArbSchG und Entleiher als Arbeitgeber i.S.d. § 2 Abs. 3 ArbSchG qualifiziert, so ergibt sich die Pflicht zur Unterweisung bereits aus § 12 Abs. 1 i.V.m. § 2 Abs. 2 Nr. 3 und Abs. 3

[48] Dazu *Kittner/Pieper*, ArbSchG, § 11 Rz. 5 ff.

[49] *Kollmer*, ArbSchG, § 12, Rz. 4.

[50] BT-Drs. 13/3540, S. 19; *Kollmer*, ArbSchG, § 12 Rz. 4.

[51] *Heilmann/Aufhauser*, ArbSchG, § 12 Rz. 2.

[52] Vgl. unter 4.1.1.

[53] *Heilmann/Aufhauser*, ArbSchG, § 12 Rz. 7.

ArbSchG, mit der Folge, dass der Unterweisungspflicht des § 12 Abs. 2 ArbSchG nur deklaratorische Bedeutung zukommt.[54]

4.1.2.6 Sonstige Arbeitsschutzpflichten aufgrund von Rechtsverordnung nach §§ 18, 19 ArbSchG und sonstiger Rechtsvorschriften gem. § 2 Abs. 4 ArbSchG

Das ArbschG verweist in §§ 18, 19 ArbSchG auf bereits erlassene bzw. noch zu erlassene Rechtsverordnungen, in denen die Rechte und Pflichten des Arbeitgebers und seiner Beschäftigten konkretisiert werden. Zu diesen Rechtsverordnungen zählen z.B. die Arbeitsstättenverordnung, die Gefahrstoffverordnung und die Baustellenverordnung. Der Arbeitgeber, hat die für ihn geltenden Rechtsverordnungen und die sich hieraus ergebenen Arbeitsschutzmaßnahmen zu beachten und einzuhalten, damit die sich aus dem ArbSchG ergebenen Pflichten, erfüllt werden. Die gleiche Pflicht trifft ihn für sonstige Rechtsvorschriften i.S.v. § 2 Abs. 4 ArbSchG. Der Begriff der sonstigen Rechtsvorschriften in § 2 Abs. 4 ArbSchG erfasst dabei alle Regelungen über Maßnahmen des Arbeitsschutzes in anderen Gesetzen, Rechtsverordnungen und Unfallverhütungsvorschriften.[55] In Bezug auf die Position des Entleihers ergibt sich grundsätzlich hieraus keine Besonderheit. Er hat alle Arbeitsschutzmaßnahmen, die er gem. den Rechtsverordnungen i.S.v. §§ 18, 19 ArbSchG und sonstigen Rechtsvorschriften i.S.v. § 2 Abs. 4 ArbSchG gegenüber seinen Stammarbeitnehmern durchzuführen hat, auch zum Schutz seiner Leiharbeitskräfte umzusetzen.[56] Sollte in den sonstigen Rechtsvorschriften i.S.d. § 2 Abs. 4 ArbSchG nicht auf den Beschäftigten- und Arbeitgeberbegriff des ArbschG Bezug genommen werden, ist nach den bereits dargestellten Kriterien des Beschäftigtenbegriffs zu prüfen, ob die Norm selbst und unmittelbar auf die Leiharbeitskraft Anwendung findet. Falls dies nicht der Fall sein sollte, findet die entsprechende Arbeitsschutznorm unter den Voraussetzungen des Auffangtatbestandes des § 11 Abs. 6 AÜG Anwendung.[57]

4.1.3 Pflichten nach dem Arbeitssicherheitsgesetz

Als weiteres Gesetz, in dem ausdrücklich Pflichten des Entleihers reglementiert sind, ist das ASiG zu nennen. Hiernach trifft den Entleiher gegenüber den Betriebsärzten gem. § 2 Abs. 2 S. 3 ASiG und gegenüber Fachkräften für Arbeitssicherheit gem. § 5 Abs. 2 S. 3 ASiG eine Unterrichtungspflicht bezüglich des Einsatzes von Leiharbeitnehmern.

---

[54] *Julius*, S. 108 f.

[55] *Kittner/Pieper,* ArbSchG, § 2, Rz. 30.

[56] *Julius*, S. 110.

[57] Ebenda.

4.2 Arbeitsschutzpflichten im Verhältnis Verleiher zu Leiharbeitnehmer

Nach der Konzeption des AÜG stehen nach § 1 Abs. 1 AÜG der Verleiher als Arbeitgeber und der Leiharbeitnehmer als Arbeitnehmer in einem gegenseitigen Arbeitsverhältnis. Im Rahmen dieses Arbeitsverhältnisses schuldet der Verleiher die Vergütung der Arbeitsleistung und der Leiharbeitnehmer die Arbeitsleistung, die er im Entleiherbetrieb erbringt. Der Verleiher als Arbeitgeber hat demnach wie jeder andere Arbeitgeber alle öffentlich-rechtlichen Arbeitsschutz- und Unfallverhütungsvorschriften zu beachten.[58] Allerdings ergeben sich für den Verleiher aufgrund der Tatsache, dass der Leiharbeitnehmer seine Arbeitsleistung im Betrieb des Entleihers erbringt, Schwierigkeiten, diesen Arbeitsschutzpflichten nachzukommen.

4.2.1 Grundpflichten nach dem Arbeitsschutzgesetz

Durch die Qualifizierung des Verleihers als Arbeitgeber i.S.d. § 2 Abs. 3 ArbSchG und des Leiharbeitnehmers als Arbeitnehmer und damit als Beschäftigter i.S.d. § 2 Abs. 2 Nr. 1 ArbSchG ist der Anwendungsbereich des Arbeitschutzgesetzes unproblematisch eröffnet. Den Verleiher treffen demnach die in §§ 3 ff. ArbSchG ausgestalteten Pflichten. Aufgrund der bereits erwähnten Problematik der Pflichtenverfolgung durch den Verleiher stellt sich die Frage, in wie weit die Regelungen des zweiten Abschnittes des ArbSchG einer Modifikation bedürfen.

Nach § 3 Abs. 1 ArbSchG ist der Arbeitgeber verpflichtet, die erforderlichen Maßnahmen des Arbeitsschutzes zu treffen, diese fortlaufend zu überprüfen und gegebenenfalls anzupassen, um eine Verbesserung von Sicherheit und Gesundheitsschutz seiner Beschäftigten zu erreichen. Ferner hat er bei der Planung, Durchführung und Überprüfung der Arbeitsschutzmaßnahmen die allgemeinen Grundsätze nach § 4 ArbSchG zu beachten.

Obwohl den Verleiher als Arbeitgeber grundsätzlich die vollumfängliche arbeitsschutzrechtliche Verantwortung trifft, ergeben sich im Arbeitnehmerüberlassungsverhältnis einige Einschränkungen. Der Verleiher ist nicht legitimiert, technische und betriebsorganisatorische Arbeitsschutzmaßnahmen am Einsatzort der Leiharbeitskräfte durchzuführen, da diese Maßnahmen dem Entleiher vorbehalten sind. Nur er kann durch eine konkrete Ausgestaltung der Arbeitsbedingungen potentielle Gefahren ausschalten und somit der arbeitsschutzrechtlichen Verantwortung gerecht werden. Dies hat jedoch für den Verleiher nicht eine vollständige Befreiung von den arbeitsschutzrechtlichen Pflichten zur Konsequenz. Vielmehr hat der Verleiher die in §§ 3 ff. ArbSchG normierten Pflichten innerhalb seines Herrschafts- und Wirkungsbereichs bestmöglich umzusetzen. Dieser Herrschafts- und Wirkungsbereich ist der eigentlichen Überlassung vorgelagert. Sie betrifft vor allem die Einsatzplanung der Leiharbeitnehmer. Nachdem der Verleiher in einem Arbeitsvertrag die

---

[58] *Ulber,* AÜG, § 1 Rz. 48 ff.

konkret geschuldete Arbeitsleistung mit dem Leiharbeitnehmer festlegt, wählt er für die Leiharbeitskraft einen adäquaten Einsatzbetrieb aus. Bei dieser Auswahl trifft ihn eine große Verantwortung, da er durch diese Entscheidung festlegt, welchen Gefahren er während der Überlassung im Entleiherbetrieb ausgesetzt ist. Daher verletzt der Verleiher seine aus § 3 Abs. 1 ArbSchG folgende Grundpflicht, wenn er seine Arbeitskräfte in eine Betriebsorganisation entlässt, die nicht den Anforderungen des öffentlich-rechtlichen Arbeitsschutzrechts entspricht.[59] Um eine Verletzung zu vermeiden, hat er vor der Überlassung hinreichende Informationen über die Arbeitsaufgabe, den Arbeitsplatz und die Arbeitsbedingungen einzuholen. Diese Pflicht ist jedoch nicht nur aus § 3 ArbSchG abzuleiten, sondern ist auch zwingende Voraussetzung, um die in den §§ 8 Abs. 1, 12 Abs. 1 ArbSchG und § 81 Abs. 1 BetrVG normierte Aufgabe, die Leiharbeitskräfte über die Unfall- und Gesundheitsgefahren einschließlich der darauf bezogenen Verhütungsmaßnahmen zu unterrichten, umsetzen zu können.[60]

Als weitere, der eigentlichen Überlassung vorgelagerte Pflicht, hat der Verleiher für seine Einsatzdispositionen eine umfassende Tätigkeits- und Arbeitsortbeschreibung anzufordern. Um sich über die arbeitsschutzrechtlichen Verhältnisse im Entleihbetrieb ein Bild zu machen, sollte diese auch eine Beschreibung der auf den konkreten Arbeitsplatz bezogenen Arbeitsschutzmaßnahmen beinhalten.

Neben diesen vorgelagerten Pflichten, hat der Verleiher auch während der Überlassung der Leiharbeitskraft erforderliche Maßnahmen des Arbeitsschutzes i.S.v. § 3 Abs. 1 ArbSchG zu erfüllen. Er bleibt auch während dieser Zeit nach §§ 1 Abs. 2, 3 Abs. 1 Nr. 1, 11 Abs. 6 AÜG für die Sicherheit seiner Arbeitskräfte verantwortlich. Daher hat er Sorge dafür zu tragen, dass im Entleihbetrieb die Bestimmungen des Arbeitsschutzes eingehalten werden. Um dieser Fürsorgepflicht zu genügen, hat er sich über die Einhaltung des Arbeitsschutzes fortlaufend zu informieren und stichprobenartige Kontrollen vor Ort vorzunehmen.[61] Hierbei hat er zu prüfen, ob die Leiharbeitskräfte nur entsprechend ihren Qualifikationen eingesetzt werden und sie in die arbeitsplatzbezogen Gefahren und die spezifischen Maßnahmen zu deren Abwendung eingewiesen wurden. Bei den Kontrollen im Entleihbetrieb muss der Verleiher mit den nach §§ 2 Abs. 1, 5 Abs. 1 ASiG zu bestellenden Betriebsärzten und Fachkräften für Arbeitssicherheit zusammenarbeiten. Wird den arbeitsschutzrechtlichen Mindeststandards nicht entsprochen, so muss er gem. § 3 Abs. 1 ArbSchG beim Entleiher auf Abhilfe drängen oder seine Arbeitskräfte aus dem Betrieb abziehen.[62]

Ferner hat er die Pflicht, den Betriebsrat gem. § 89 Abs. 2 BetrVG hinsichtlich aller im Zusammenhang mit dem Arbeitsschutz und der Unfallverhütung stehenden Fragen sowie

[59] *Julius,* S. 112.

[60] Ebenda.

[61] *Ulber,* AÜG, § 14 Rz. 19.

[62] *Julius,* S. 113.

bei Unfalluntersuchungen im Entleihbetrieb einzubeziehen. Auch hat er nach § 22 Abs. 2 SGB VII den nach § 22 Abs. 1 SGB VII zu bestellenden Sicherheitsbeauftragten beratend heranzuziehen.

Der Verleiher unterliegt demnach wie dargestellt, den arbeitsschutzrechtlichen Grundpflichten gem. § 3 und 4 ArbSchG, allerdings verlagert sich diese Pflichtenstellung vor allem auf das Vorfeld der Arbeitnehmerüberlassung, d.h. auf die Einsatzplanung der Leiharbeitskräfte. Für die Durchführung von technischen Arbeitsschutzmaßnahmen zur sicherheitskonformen Gestaltung des Arbeitsplatzes ist allein der Entleiher zuständig. Der Verleiher hat sich jedoch während der Überlassung durch Kontrollen davon zu überzeugen, dass die arbeitsschutzrechtlichen Mindeststandards im Entleihbetrieb eingehalten werden.

4.2.2 Gefährdungsbeurteilung und Dokumentationspflicht

Zu den Pflichten des Arbeitgebers gehört auch nach § 5 ArbSchG, die Gefahren, denen die Beschäftigten während der Arbeit ausgesetzt sind, zu beurteilen und danach die erforderlichen Maßnahmen des Arbeitsschutzes zu ermitteln. Da der Verleiher im Entleihbetrieb keine eigene Arbeitsorganisation hat, ist es ihm nicht möglich, die Gefährdungen seiner Arbeitnehmer am Einsatzort in Erfahrung zu bringen. Allerdings muss auch der Entleiher über eine Gefährdungsbeurteilung des zu besetzenden Arbeitsplatzes verfügen, auf den der Verleiher eventuell zurückgreifen kann. Dies kann ihn von eigenen Ermittlungen befreien. Jedoch ist er gem. §§ 1 Abs. 2, 3 Abs. 1 Nr. 1 AÜG i.V.m. § 3 Abs. 1 ArbSchG verpflichtet, die Einhaltung des gesetzlichen arbeitsschutzrechtlichen Mindeststandards für die Leiharbeitskräfte auch während ihres Einsatzes im Entleihbetrieb sicherzustellen.[63] Er muss also die Arbeitsbedingungen seiner Leiharbeitnehmer im Betrieb des Entleihers selbst beurteilen und in Erfahrung bringen, welche spezifischen Gefahren seine Leiharbeitskräfte am konkreten Arbeitsplatz unterliegen, welche Anordnungen, Einrichtungen und Maßnahmen zu ihrem Schutz erforderlich und vorhanden sind und in welchem Umfang und zu welchem Zeitpunkt sie umgesetzt wurden bzw. werden.[64] Diese Beurteilung erfolgt durch Vergleich des betrieblichen Ist-Zustandes mit dem Soll-Zustand, der durch die öffentlich-rechtlichen Arbeitsschutz- und Unfallverhütungsvorschriften determiniert wird.[65] Wünschenswert ist es, dass der Verleiher hierbei auf die vom Entleiher nach Maßgabe des § 6 Abs. 1 ArbSchG dokumentierte Gefährdungsbeurteilung zugreifen kann. Stellt der Verleiher aufgrund dieser Beurteilung Defizite im Entleihbetrieb fest, so kann er zwar mangels eigener Organisationshoheit keine technischen Schutzmaßnahmen anordnen und durchführen, jedoch diese Maßnahmen bei seinem Vertragspartner anregen. Gegebenenfalls muss der Verleiher über einen Rückzug seiner Leiharbeitskraft nachdenken.

---

[63] *Julius*, S. 114.

[64] Vgl. Schriftenreihe Prävention der Verwaltungs-Berufsgenossenschaft, Unternehmen Zeitarbeit, Arbeitsschutz im Qualitätsmanagement, S. 29.

[65] *Kittner/Pieper*, ArbSchG, § 5, Rz. 8.

Neben der Gefährdungsbeurteilung im Entleihbetrieb muss auch im eigenen Betrieb eine solche durchgeführt werden. Hier kommen Gefährdungen in Betracht, die aus der Einsatzplanung resultieren können, beispielsweise wenn Arbeitskräfte an Betriebe entliehen werden, die nicht den arbeitsschutzrechtlichen Mindestanforderungen entsprechen. Hiernach bestünde eine Abweichung vom arbeitsschutzrechtlichen Soll-Zustand, der einen Schulungsbedarf der für den Arbeits- und Gesundheitsschutz verantwortlichen Personen (§ 13 Abs. 1 ArbSchG) oder die Bestellung von Betriebsärzten und Fachkräften für Arbeitssicherheit als notwendige Schutzmaßnahme nach sich ziehen müsste.[66]

Der Arbeitgeber hat schließlich die Ergebnisse der Gefährdungsbeurteilung unter den Voraussetzungen des § 6 Abs. 1 ArbSchG zu dokumentieren. Für den Verleiher bedeutet das, dass er sowohl im Entleihbetrieb als auch im eigenen Unternehmen das Ergebnis der Gefährdungsbeurteilung, die festgelegten Maßnahmen des Arbeitsschutzes und das Ergebnis der Überprüfung schriftlich festhält.

4.2.3 Weitere Arbeitsschutzpflichten des Verleihers

Aus § 7 ArbSchG folgt, dass der Verleiher, bevor er Arbeitnehmer überlässt, sicherstellen muss, dass diese in der Lage sind, die für die Sicherheit und den Gesundheitsschutz zu beachtenden Bestimmungen und Maßnahmen im Entleihbetrieb einzuhalten. Zudem sind die Arbeitnehmer auch nach § 81 Abs. 1 BetrVG vor der Überlassung über die Unfall- und Gesundheitsgefahren im Entleihbetrieb zu unterrichten und über die Maßnahmen und Einrichtungen zur Abwendung dieser Gefahren zu belehren. Hierbei ist er auf Informationen vom Entleiher angewiesen, die er vor Vertragsschluss von ihm anfordern muss. Dieser ist gem. § 8 ArbSchG zur Zusammenarbeit verpflichtet.[67] Des Weiteren hat der Verleiher sicherzustellen, dass alle notwendigen nach § 2 PSA-BV, §§ 4, 14 BGV A1 vorgeschriebenen persönlichen Schutzausrüstungen zur Verfügung gestellt werden, und sich durch Kontrollen davon zu überzeugen, dass sie auch sach- und ordnungsgemäß benutzt werden. Bei diesen Kontrollen ist ferner zu überprüfen, ob die arbeitsmedizinische Vorsorge, die er seinen Arbeitskräften gem. § 11 ArbSchG zu ermöglichen hat, durchgeführt wird und die Einrichtungen und Maßnahmen zur Ersten Hilfe sichergestellt sind. Dies kann der Verleiher dadurch gewährleisten, indem er selbst die Einrichtungen und Maßnahmen zur Ersten Hilfe am Tätigkeitsort des Leiharbeitnehmer sicherstellt oder im Arbeitnehmerüberlassungsvertrag mit dem Entleiher vereinbart, dass dieser diese sicherstellt. Stellt er Anhaltspunkte für eine Nichteinhaltung öffentlich-rechtlicher Arbeitsschutzvorschriften im Entleihbetrieb fest, so hat er auf den Entleiher dahingehend einzuwirken, dass er die Mängel abstellt. Sollte dies keine Veränderung nach sich ziehen, so ist der Verleiher verpflichtet, die Überlassung

[66] *Julius,* S. 115.

[67] Hierzu ausführlich unter 4.3.2.

des Leiharbeitnehmers einzustellen, bis eine Einhaltung der Verpflichtungen aus § 11 Abs. 6 AÜG durch den Entleiher gewährleistet ist.[68]

Der Verleiher ist als Arbeitgeber zur Meldung von Unfällen gegenüber der Berufsgenossenschaft verpflichtet.[69] Für Zeitarbeitsunternehmen ist grundsätzlich die Verwaltungs-Berufsgenossenschaft (VBG) zuständig.[70] Da Leiharbeiter in sehr unterschiedlichen Arbeitsbereichen eingesetzt werden, wird teilweise die Meinung vertreten, dass die jeweiligen Fachberufsgenossenschaften für die Leiharbeiter zuständig sein sollten, um eine bessere Verhütung von Arbeitsunfällen sicherzustellen.[71] Hiergegen ist jedoch einzuwenden, dass es bedingt durch die häufig wechselnden Einsatzorte zu permanenten Zuständigkeitswechseln zwischen den Berufsgenossenschaften kommen könnte, was sich eher kontraproduktiv auf die Verhütung von Arbeitsunfällen auswirken würde.[72] Zum weiteren Schutz des Leiharbeiters trägt § 16 Abs. 1 SGB VII bei, wonach sowohl die Unfallverhütungsvorschriften der für den Entleiher zuständigen als auch die der für den Verleiher zuständigen Berufsgenossenschaft gelten.

Um seiner arbeitsschutzrechtlichen Verantwortung nachzukommen, sollte der Verleiher im Arbeitnehmerüberlassungsvertrag den Entleiher dazu verpflichten, ihm jeden Unfall eines Leiharbeitnehmers unverzüglich zu melden. Ferner ist dem Verleiher im Falle eines meldepflichtigen Arbeitsunfalls seines Arbeitnehmers zu gestatten, dass er zur Anfertigung der Unfallanzeige eigene Ermittlungen und Untersuchungen am Unfallort durchführen kann. Soweit sich anlässlich einer Untersuchung eines Arbeitsunfalls Mängel bei den Arbeits- und Gesundheitsschutzmaßnahmen des Verleihers bzw. Entleihers feststellen lassen, sind diese umgehend abzustellen (vgl. § 11 BGV A1), um weitere gleichartige Unfälle zu vermeiden.[73] Die insoweit getroffenen Feststellungen und Maßnahmen sind schriftlich zu dokumentieren (vgl. § 3 BGV A1).

Dem Verleiher bleibt es auch verwehrt, seiner arbeitsschutzrechtlichen Verantwortung dadurch zu entkommen, indem er als verantwortliche Person i.S.d. § 13 Abs. 2 ArbSchG den Entleiher bestimmt.[74] Dieses Verbot ergibt sich aus § 11 Abs. 6 Satz 1 Hs. 2 AÜG.

Auch hat der Verleiher Arbeitsschutzmaßnahmen in der eigenen Arbeitsschutzorganisation durchzuführen, die unabhängig davon bestehen, ob seine Arbeitnehmer im Verleihunter-

---

[68] *Ulber*, AÜG, § 11, Rz. 137.

[69] *Sandmann/Marschall*, AÜG, Rz. 378, 578.

[70] BVerfG vom 03.07.2007; BSG vom 24.06.2003, BSGE 91, 128, 131.

[71] *Bertram*, SGB 1999, 679.

[72] So auch *Urban-Crell/Schulz*, Rz. 1258.

[73] *Sandmann/Marschall*, AÜG, Rz. 578.

[74] *Ulber*, AÜG, § 11, Rz. 136.

nehmen tätig werden. Hierzu gehört die Bestellung des Betriebsarztes nach §§ 2 Abs. 1 ASiG, § 19 Abs. 1 BGV A1. Des Weiteren hat der Verleiher Fachkräfte für Arbeitssicherheit nach §§ 5 Abs.1 ASiG, 19 Abs. 1 BGV A1 zu bestellen. Diese Verpflichtung kann auch dadurch erfüllt werden, dass der Arbeitgeber einen überbetrieblichen Dienst von Fachkräften für Arbeitssicherheit verpflichtet (§ 19 ASiG). Auch ein Sicherheitsbeauftragter ist nach § 22 Abs. 1 SGB VII zu bestellen. Diese Personen sollen beratend und unterstützend in den Fragen des Arbeits- und Gesundheitsschutzes, der Unfallverhütung, der Arbeitssicherheit und der menschengerechten Gestaltung der Arbeit tätig werden.[75]

4.3 Die Arbeitsschutzpflichten im Verhältnis Verleiher zu Entleiher

Da sowohl der Verleiher als auch der Entleiher eine arbeitsschutzrechtliche Verantwortung gegenüber den Leiharbeitnehmern haben, ist eine genaue Abstimmung notwendig, um zu verhindern, dass sich beide Verantwortlichen auf den jeweils anderen verlassen und keine der notwendigen Schutzmaßnahmen durchgeführt werden. Da der Verleiher auch während der Überlassung für die Sicherheit seiner Arbeitnehmer verantwortlich ist, muss ihm die Möglichkeit eingeräumt werden, sich über die Gewährleistung der Sicherheit und der Einhaltung der Arbeitsschutzbestimmungen im Entleihbetrieb ein Bild zu machen. Der Entleiher benötigt im Gegenzug Informationen über das Profil der Leiharbeitskraft, damit sie auch gemäß seiner Qualifikation und Erfahrung im Betrieb eingesetzt werden kann.

4.3.1 Rechtsverhältnis zwischen Entleiher und Verleiher nach dem AÜG

Das Rechtsverhältnis zwischen Entleiher und Verleiher ist nach dem AÜG nur sehr rudimentär geregelt und stellt lediglich Mindestanforderungen an Form und Inhalt des Arbeitnehmerüberlassungsvertrags.[76] Nach § 12 Abs. 1 S. 3 AÜG muss der Entleiher im Arbeitnehmerüberlassungsvertrag angeben, welche besonderen Merkmale die vorgesehene Tätigkeit hat, welche berufliche Qualifikation dafür erforderlich ist und welche wesentlichen Arbeitsbedingungen im Entleihbetrieb für einen vergleichbaren Arbeitnehmer des Entleihers gelten. Dieser neu gestaltete Satz, der seit dem 01.01.2004 Gültigkeit hat, enthält mit den Formulierungen „besondere Merkmale“ und „wesentliche Arbeitsbedingungen“, zwei unbestimmte Rechtsbegriffe, deren Bedeutung und Reichweite näher zu bestimmen sind. Nach einer Meinung in der Literatur[77], umfasst der Begriff der wesentlichen Arbeitsbedingungen nur die sozialbezogenen, nicht aber die arbeitsschutzbezogenen Arbeitsbedingungen. Als Begründung wird auf die Entstehungsgeschichte und den Regelungszweck der Norm verwiesen, die gegen eine arbeitsschutzbezogene Auslegung der „wesentlichen Arbeitsbedingungen“ sprechen. Dagegen umfassen „die besonderen Merkmale der vorgesehe-

[75] *Julius,* S. 117.

[76] *Thüsing,* AÜG, § 12 Rz. 1.

[77] *Julius,* S. 119, 82 ff.

nen Tätigkeit", die der Entleiher in der Vertragsurkunde zu erklären hat, auch arbeitsschutzbezogene Merkmale, die mit dem zu besetzenden Arbeitsplatz im Zusammenhang stehen. Der Entleiher hat danach in der Vertragsurkunde alle technischen und sozialen Regelungen des Arbeitsschutzrechts, wie Beschäftigungsverbote und Arbeitszeitbeschränkungen, die für den zu besetzenden Arbeitsplatz von Relevanz sind, zu berücksichtigen.

Der Auskunftsanspruch entfällt, wenn die Arbeitsbedingungen durch einen Tarifvertrag geregelt sind oder der Verleiher mit einem zuvor arbeitslosen Leiharbeitnehmer in den ersten sechs Wochen der Überlassung mindestens ein Arbeitsentgelt in Höhe des Arbeitslosengeldes, das der Leiharbeitnehmer zuvor erhalten hat, vereinbart (§ 12 Abs. 1 S. 3 a.E. AÜG). In dem Falle, dass der angewandte Tarifvertrag auf bestimmte Arbeitsbedingungen beim Entleiher Bezug nimmt, besteht nach der Begründung zum Gesetzesentwurf[78] ein eingeschränkter Auskunftsanspruch im Hinblick auf die zur Bestimmung der Arbeitsbedingungen relevanten Tatsachen.

4.3.2 Zusammenarbeit mehrerer Arbeitgerber nach § 8 ArbSchG

Werden an einem Arbeitsplatz mehrere Beschäftigte verschiedener Arbeitgeber tätig, so sind die beteiligten Arbeitgeber nach § 8 ArbSchG zur Zusammenarbeit verpflichtet. § 8 ArbSchG gliedert sich dabei in zwei unterschiedliche Anwendungsbereiche. § 8 Abs. 1 ArbSchG betrifft die Zusammenarbeit mehrerer Arbeitgeber an einem Arbeitsplatz außerhalb des eigentlichen Betriebs. § 8 Abs. 2 ArbSchG regelt hingegen die Beschäftigung fremder Arbeitnehmer im Betrieb eines Arbeitgebers.[79] Die Norm verfolgt die Zielsetzung, Gefährdungspotentiale, die sich aus Abstimmungsproblemen zwischen den zusammenarbeitenden Arbeitgebern für die Beschäftigten ergeben können, durch die Verpflichtung zur Zusammenarbeit zu vermeiden.

4.3.2.1 Arbeitsschutzbezogene Zusammenarbeit gem. § 8 Abs. 1 ArbSchG

§ 8 Abs. 1 ArbSchG verpflichtet zur Zusammenarbeit bei der Durchführung der Sicherheits- und Gesundheitsschutzbestimmungen, wenn Beschäftigte mehrerer Arbeitgeber an einem Arbeitsplatz tätig werden. Der Begriff des Arbeitsplatzes ist hierbei weit auszulegen und meint die räumliche Umgebung, innerhalb derer die Beschäftigten tätig werden und die Arbeitgeber Schutzpflichten treffen.[80] Die Verpflichtung zur Kooperation bezieht sich dabei sowohl auf inner- als auch auf außerbetriebliche Arbeitsstätten, wie z.B. auf Baustellen und Montagestellen. Als Normadressat kommt auch der Entleiher in Betracht, der nach § 11 Abs. 6 AÜG für die Einhaltung des § 8 ArbSchG verantwortlich ist. Der

---

[78] BT-Drs. 15/1515, S. 132.

[79] *Kollmer*, ArbSchG, § 8 Rz. 1.

[80] *Kittner/Pieper,* ArbSchG, § 8, Rz. 4.

Verleiher hat den Entleiher auf die Verpflichtung aus § 8 ArbSchG hinzuweisen und festzustellen, ob der Entleiher seiner Verpflichtung nachkommt.[81]

Der Inhalt der arbeitsschutzbezogenen Zusammenarbeit wird durch § 8 Abs. 1 S. 2 ArbSchG näher bestimmt. Hiernach haben sich die beteiligten Arbeitgeber gegenseitig über die mit den Arbeiten verbundenen Gefahren zu unterrichten und Maßnahmen zur Verhütung dieser Gefahren abzustimmen. Diese allgemeine Vorgabe ist in Abhängigkeit von den geplanten Arbeitstätigkeiten, den Arbeitsbedingungen und den spezifischen Gefährdungen im Einzelfall zu konkretisieren.

Die Zusammenarbeit umfasst bereits das Vorfeld der eigentlichen Überlassung. Sowohl der Verleiher als auch der Entleiher haben aufgrund ihrer Beurteilung der Arbeitsbedingungen gem. § 5 Abs. 1 ArbSchG die Gefahren, die sich aus den Gegebenheiten des Betriebes, der Arbeitsstelle und Arbeitsumwelt sowie aus den Tätigkeiten der Beschäftigten, deren Qualifikationen und Fähigkeiten ergeben, zu ermitteln, die erforderlichen Schutzmaßnahmen festzulegen und gem. § 6 Abs. 1 ArbSchG zu dokumentieren. Der Verleiher benötigt für die Durchführung der Gefährdungsbeurteilung vom Entleiher die Ergebnisse seiner Gefährdungsbeurteilung, damit er die Risiken für seine Arbeitskräfte im Entleihbetrieb ermitteln kann. Der Entleiher benötigt im Gegenzug vom Verleiher Informationen über die Qualifikationen und Fähigkeiten der Leiharbeitskräfte, damit diese Faktoren im Rahmen seiner Gefährdungsanalyse berücksichtigt werden können. Hiernach haben sich Verleiher und Entleiher über die Ergebnisse ihrer Gefährdungsbeurteilungen zu unterrichten. Die Unterrichtung muss die mit den Arbeiten verbundenen Gefahren und die geplanten Arbeitsschutzmaßnahmen umfassen. Danach müssen die Gefährdungsanalysen zusammengeführt und die durchzuführenden Maßnahmen aufeinander abgestimmt werden. Diese Koordinierung der Arbeitsschutzmaßnahmen muss abgeschlossen sein, bevor der Leiharbeitnehmer mit seiner Tätigkeit im Entleihbetrieb beginnt. Daneben sind die koordinierten Maßnahmen gem. § 3 Abs. 1 S. 2 ArbSchG auf ihre Wirksamkeit zu überprüfen und den sich ändernden Gegebenheiten anzupassen.

Bevor es zur Auftragsvergabe kommt, hat der Entleiher den Verleiher in Form eines Anforderungsprofils über den zu besetzenden Arbeitsplatz zu informieren. Dieses Anforderungsprofil muss Aufschluss über die Arbeitsaufgabe, den Aufgabenbereich und die Gefährdungen für Sicherheit und Gesundheit des einzusetzenden Beschäftigten geben.[82] Hiernach kann der Verleiher prüfen, ob er eine adäquate Leiharbeitskraft mit den erforderlichen fachlichen Qualifikationen dem Entleihbetrieb überlassen kann (§ 7 ArbSchG). Verfügt der Verleiher über eine geeignete Arbeitskraft, haben sich die Beteiligten vor Vertragsschluss über die Ergebnisse ihrer Gefährdungsbeurteilungen und den erforderlichen Arbeitsschutzmaßnahmen zu unterrichten. Bei den Vertragsverhandlungen sind insbesondere die not-

---

[81] *Kollmer*, ArbSchG, § 8 Rz. 7.

[82] Vgl. *Jäger/Stürk*, BG 2000, 258, 258.

wendigen arbeitsmedizinischen Vorsorgeuntersuchungen nach §§ 3 ff. BGV A4, §§ 28 ff. GefStoffV, § 6 BildscharbV miteinander abzustimmen. Auch über die Bereitstellung der persönlichen Schutzausrüstung, für die sowohl der Verleiher als auch der Entleiher verantwortlich ist, ist eine Abstimmung zu treffen.

Kommt es zum Vertragsabschluss, so ist vor Beginn der Tätigkeit zu kontrollieren, ob die notwendigen Vorsorgeuntersuchungen und die arbeitsschutzrechtlichen Unterweisungen der Beschäftigten nach § 12 Abs. 1 ArbSchG und die speziellen Unterweisungspflichten nach § 20 Abs. 2 GefStoffV, § 3 Abs. 1 PSA-BV durchgeführt wurden.[83]

Während der Überlassung haben Ver- und Entleiher die Wirksamkeit der Arbeitsschutzmaßnahmen zu kontrollieren. Sollten sich Änderungen am Arbeitsplatz ergeben, die eine gemeinsame Neubewertung der Gefährdungen und Koordinierung weiterer Arbeitsschutzmaßnahmen erfordern, so hat der Entleiher den Verleiher hierüber zu informieren. Der Entleiher ist für die betriebsbezogenen Arbeitsschutzmaßnahmen während der Überlassung verantwortlich. Der Verleiher hat um seine arbeitsschutzrechtliche Grundpflicht als Arbeitgeber nach § 3 ArbSchG zu erfüllen, die Durchführung der abgestimmten Arbeitsschutzmaßnahmen und die Einhaltung der öffentlich-rechtlichen Arbeitsschutz- und Unfallverhütungspflichten zu überwachen. Hierbei hat er mit den Sicherheitskräften des Verleihers zusammenzuarbeiten.

4.3.2.2 Die Vergewisserungspflicht nach § 8 Abs. 2 ArbSchG

Nach § 8 Abs. 2 ArbSchG muss sich der Arbeitgeber je nach Art der Tätigkeit vergewissern, ob die Beschäftigten anderer Arbeitgeber hinsichtlich der Gefahren für ihre Sicherheit und Gesundheit während ihres Einsatzes im Betrieb angemessene Anweisungen erhalten haben. Bei der Überprüfung durch den Arbeitgeber geht es nicht nur darum, dass Beschäftigte des einen Arbeitgebers Beschäftigte des anderen gefährden können, sondern vielmehr um die besonderen Gefährdungen, die von der Arbeitsstätte und den vorhandenen Einrichtungen ausgehen.[84] Es stellt sich die Frage, ob die Vergewisserungspflicht auch den Entleiher trifft. Da ihn als arbeitsschutzrechtlicher Arbeitgeber die Pflicht zur Unterweisung gem. § 12 ArbSchG trifft, hat er nicht nur die Aufgabe, sich darüber zu vergewissern, ob die Leiharbeitskräfte angemessene Anweisungen über die Gefahren während ihrer Tätigkeit im Betrieb erhalten haben, sondern muss die erforderlichen Anweisungen selbst geben. Folgt man der Ansicht, die eine Qualifikation des Leiharbeitnehmers als arbeitnehmerähnliche Person im Sinne von § 2 Abs. 2 Nr. 3 ArbSchG ablehnt, so ergibt sich die Unterweisungspflicht des Entleihers nach § 12 Abs. 1 ArbSchG aus § 11 Abs. 6 S. 1 AÜG. Die Vergewis-

[83] *Julius,* S. 129.

[84] *Kittner/Pieper*, ArbSchR, § 8, Rz. 12.

serungspflicht hat daher im Rahmen der Arbeitnehmerüberlassung keine selbständige Bedeutung.[85]

[85] *Julius,* S. 130 f.

5 Die arbeitsschutzbezogenen Aufgaben des Betriebsrats im Rahmen der Arbeitnehmerüberlassung

Das BetrVG räumt dem Betriebsrat bei der Gestaltung des Arbeits- und Gesundheitsschutzes einige Rechte ein. Hierzu gehören die Informations- und Unterrichtungsrechte nach §§ 80, 89, 90 Abs. 1 BetrVG, die Beratungs- und Mitbestimmungsrechte nach §§ 90 Abs. 2, 91 BetrVG, das zwingende Mitbestimmungsrecht gem. § 87 Abs. 1 Nr. 7 BetrVG und die Möglichkeit freiwilliger Betriebsvereinbarungen gem. § 88 BetrVG. Da bei der Arbeitnehmerüberlassung für die Ausübung dieser Rechte sowohl der Betriebsrat des Verleihers als auch des Entleihers in Betracht kommen, ergeben sich hieraus einige Besonderheiten.

5.1 Die arbeitsschutzbezogenen Aufgaben des Verleihbetriebsrats

Grundsätzlich stellt § 14 Abs. 1 AÜG klar, dass die Leiharbeitnehmer auch während der Überlassung Angehörige des Verleihbetriebs bleiben und somit auch der Verleiherbetriebsrat von seinen betriebsverfassungsrechtlichen Rechten nicht entledigt wird. Allerdings ergeben sich aufgrund der Besonderheiten der Arbeitnehmerüberlassung bei der Ausübung seiner betriebsverfassungsrechtlichen Befugnisse einige Einschränkungen. Da die arbeitsschutzrechtlichen Pflichten des Verleihers wie bereits erläutert auf die Einsatzplanung im Vorfeld und regelmäßige Kontroll- und Überwachungsaufgaben während der Überlassung begrenzt sind, können die arbeitsschutzrechtlichen Befugnisse des Betriebsrats auch nicht vollumfänglich bestehen bleiben. Denn wo der Arbeitgeber nichts zu bestimmen hat, kann der Betriebsrat auch nicht mitbestimmen.[86] Grundsätzlich lässt sich daher sagen, dass der Verleihbetriebsrat seine Befugnisse in Bezug auf Leiharbeitnehmer insoweit nicht ausüben kann, als diese dem Direktionsrecht des Entleihers unterliegen.[87]

5.1.1 Die Informations- und Unterrichtungsrechte gem. § 80 Abs. 1 Nr. 1, 9, Abs. 2, § 89, § 90 Abs. 1 BetrVG

Nach § 80 Abs. 1 Nr. 1 BetrVG hat der Betriebsrat darüber zu wachen, dass die geltenden Arbeitsschutz- und Unfallverhütungsvorschriften eingehalten werden. Darüber hinaus hat er nach § 80 Abs. 1 Nr. 9 BetrVG Maßnahmen des Arbeitsschutzes zu fördern. Stellt der Betriebsrat im Rahmen dieser Aufgaben Defizite fest, so hat er die Pflicht, den Arbeitgeber und die nach § 13 ArbSchG verantwortlichen Personen auf die Unzulänglichkeiten im Arbeits- und Unfallschutz hinzuweisen und auf Beseitigung etwaiger Mängel zu drängen.[88]

---

[86] *Wißmann*, NZA 2001,. 409, 413, *Schüren*, AÜG, § 14, Rz. 232 ff.

[87] *Schüren*, AÜG, § 14, Rz. 333.

[88] *Richardi/Thüsing*, BetrVG, § 80, Rz. 16 ff.

Zu den Arbeitsschutz- und Unfallverhütungsvorschriften, die der Betriebsrat nach § 80 Abs. 1 Nr. 1 BetrVG zu überwachen hat, gehören die Normen des AÜG, des ArbSchG, des ASiG, der ArbstättV und die Unfallverhütungsvorschriften. Da der Verleiher gem. § 1 Abs. 2, § 3 Abs. 1 Nr. 1 AÜG dazu verpflichtet ist, die geltenden Vorschriften des Arbeitsschutzrechts einzuhalten, hat der Verleiherbetriebsrat zu überwachen, ob er dieser Verantwortung gerecht wird. Um dieser Aufgabe nachkommen zu können, ist er gem. § 80 Abs. 2 BetrVG rechtzeitig und umfassend zu unterrichten. Zudem kann er gem. § 80 Abs. 2 S. 2 BetrVG verlangen, dass ihm zur Durchführung seiner Aufgaben notwendige Unterlagen zur Verfügung gestellt werden. Zu diesen Unterlagen gehört u.a. der Arbeitnehmerüberlassungsvertrag und die dokumentierten Ergebnisse der Gefährdungsbeurteilung.[89]

Aus § 89 Abs. 1 S. 1 BetrVG ergibt sich für den Betriebsrat die Pflicht, sich dafür einzusetzen, dass die Vorschriften über den Arbeitsschutz und die Unfallverhütung im Betrieb durchgeführt werden. Er muss sich nach dem Stand des betrieblichen Arbeitsschutzes erkundigen und den Verleiher auf Gefahren und Missstände aufmerksam machen, über Abhilfe beraten und Anregungen für eine Verbesserung des Unfallschutzes geben.[90] Bei der Bekämpfung von Unfall- und Gesundheitsgefahren hat er gem. § 89 Abs. 1 S. 2 BetrVG die für den Arbeitsschutz zuständigen Behörden, die Träger der gesetzlichen Unfallversicherung und die sonstigen in Betracht kommenden Stellen durch Anregung, Beratung und Auskunft zu unterstützen. Der Verleihbetriebsrat hat auch das Recht Besuche und Gespräche am auswärtigen Arbeitsplatz des Leiharbeitnehmers oder Betriebsbegehungen beim Entleiher und Besichtigungen der Arbeitsplätze der Leiharbeitnehmer durchzuführen. Die Betriebsratsmitglieder besitzen insofern ein Zugangsrecht zum Entleihbetrieb.[91]

Zudem ist der Verleihbetriebsrat gem. § 89 Abs. 2 BetrVG bei allen im Zusammenhang mit dem Arbeitsschutz und der Unfallverhütung stehenden Besichtigungen und Unfalluntersuchungen hinzuzuziehen. Ihm steht allerdings kein Recht zu, bei der Einführung und Prüfung von Einrichtungen des Arbeitsschutzes im Entleihbetrieb beteiligt zu werden, da es sich hierbei um eine Maßnahme handelt, die im Pflichtenkreis des Entleihers liegt, und daher dieses Recht dem Entleihbetriebsrat zusteht.[92] Im Falle eines Arbeitsunfalls im Entleihbetrieb trifft den Verleiher selbst die Anzeigepflicht an die Berufsgenossenschaft aus § 193 SGB VII, da auch die für den Verleiher zuständige Berufsgenossenschaft leistungspflichtig ist. Nach § 193 Abs. 5 SGB VII ist die Anzeige vom Betriebs- oder Personalrat mit zu unterzeichnen.

Des Weiteren hat der Betriebsrat gem. § 89 Abs. 2 S. 2 BetrVG das Recht, vom Arbeitgeber unverzüglich über behördliche Auflagen und Anordnungen zu Fragen des Arbeitsschutzes und der Unfallverhütung, informiert zu werden. Nach § 89 Abs. 4 BetrVG haben die

---

[89] *Julius,* S. 135.

[90] *Richardi/Annuß*, BetrVG, § 89, Rz. 17.

[91] *Wiese* NZA 2003, 1118.

[92] *Julius,* S. 136.

vom Verleihbetriebsrat beauftragten Betriebsratsmitglieder das Recht, an Besprechungen des Verleihers mit den Sicherheitsbeauftragten im Rahmen des § 22 Abs. 2 SGB VII teilzunehmen.[93] Schließlich kann der Verleihbetriebsrat gem. § 89 Abs. 5 BetrVG in die Niederschriften über Untersuchungen, Besichtigungen und Besprechungen, zu denen er hinzuzuziehen ist, Einsicht nehmen.[94]

Nach § 90 Abs. 1 BetrVG hat der Betriebsrat ein Unterrichtungsrecht bei der Planung von Neu-, Um- und Erweiterungsbauten von Betriebsgebäuden (Nr. 1), technische Anlagen (Nr. 2), Arbeitsverfahren und Arbeitsabläufen (Nr. 3) und Arbeitsplätzen (Nr. 4).

5.1.2 Die Beratungs- und Mitbestimmungsrechte gem. §§ 90 Abs. 2, 91 BetrVG

Die genannten Informations- und Unterrichtungsrechte versetzen den Verleihbetriebsrat nur in eine passive Rolle, sie geben ihn zunächst keine Möglichkeit in Hinblick auf Arbeitsschutzmaßnahmen aktiv einzuwirken. Das Gesetz sieht aber auch solche weitergehenden Rechte vor. So sind beispielsweise die in § 90 Abs. 1 BetrVG genannten Maßnahmen und ihre Auswirkungen auf die Arbeitnehmer zwischen Arbeitgeber und Betriebsrat rechtzeitig zu beraten (§ 90 Abs. 2 S. 1 BetrVG). Falls die Maßnahmen in den Fällen des § 90 Abs. 1 Nr. 3 und 4 BetrVG den gesicherten arbeitswissenschaftlichen Erkenntnissen über die menschengerechte Gestaltung offensichtlich widersprechen und den Arbeitnehmer in besonderer Weise belasten, steht dem Betriebsrat nach § 91 BetrVG ein erzwingbares korrigierendes Mitbestimmungsrecht zu. Im Fall eines Arbeitnehmerüberlassungsverhältnisses kann der Verleiher zwar keine Änderungen der Arbeitsplätze, des Arbeitsablaufs oder der Arbeitsumgebung im Entleihbetrieb planen, dennoch kann sich ein Beteiligungsrecht des Verleihbetriebsrats ergeben. Das Beteiligungsrecht ergibt sich dann allerdings nicht durch die in § 90 Abs. 1 BetrVG aufgeführten Planungen des Arbeitgebers, sondern wird bereits durch die beabsichtigte Überlassung der Leiharbeitskräfte begründet.[95] Da jeder neue Einsatz des Leiharbeitnehmers zugleich eine Änderung seines Arbeitsplatzes, des Arbeitsablaufs und der Arbeitsumgebung darstellt, ist der Verleihbetriebsrat gem. § 90 Abs. 1 BetrVG zu unterrichten und nach § 90 Abs. 2 BetrVG rechtzeitig, d.h. vor der beabsichtigten Überlassung, beratend heranzuziehen.[96]

5.1.3 Die zwingende Mitbestimmung gem. § 87 Abs. 1 Nr. 7 BetrVG

Das BetrVG räumt dem Betriebsrat in § 87 Abs. 1 Nr. 7 ein zwingendes Mitbestimmungsrecht bei der Aufstellung betrieblicher Regelungen zur Ausfüllung von Arbeitsschutz- und

---

[93] *Wlotzke/Richardi*, MünchArbR Bd. 2, § 208, Rz. 32.

[94] *Richardi/Annuß*, BetrVG, § 89, Rz. 27.

[95] Vgl. den Beschluss zum Mitbestimmungsrecht des Verleihbetriebsrats gem. § 87 Abs. 1 Nr. 3 BetrVG, BAG vom 19.06.2001, NZA 2002, S. 1263, 1265.

[96] *Julius,* S. 136.

Unfallverhütungsvorschriften ein.[97] Soweit es sich bei den entsprechenden Vorschriften um Rahmenbestimmungen oder Soll-Vorschriften handelt, die dem Arbeitgeber einen Regelungsspielraum belassen, hat auch der Verleiherbetriebsrat zugunsten der Leiharbeitnehmer mitzubestimmen.[98] Die Relevanz dieses Mitbestimmungsrechts für den Verleiherbetriebsrat erscheint zwar auf den ersten Blick nur gering zu sein, da die Leiharbeitskräfte die Arbeit in wechselnden Betrieben verrichten und den dort geltenden Arbeitsschutzvorschriften unterliegen[99], jedoch treffen auch den Verleiher umfangreiche arbeitsschutzrechtliche Pflichten, die sich auf die innerbetriebliche Organisation und die Einsatzplanung konzentrieren, bei denen das Mitbestimmungsrecht des Betreibrats eine bedeutende Rolle zukommt. Den Verleiher trifft die Pflicht, nach § 3 Abs. 2 ArbSchG für eine geeignete betriebliche Organisation zu sorgen und die arbeitsschutzrechtlichen Aufgaben in die betrieblichen Führungsstrukturen einzubinden. Die Norm bezweckt eine langfristige, effiziente Planung zur Schaffung eines betrieblichen Arbeitsschutzsystems.[100] Die zwingende Mitbestimmung des Verleihbetriebsrats bei dem Aufbau der Arbeitsschutzorganisation wird hierbei dadurch eröffnet, das § 3 Abs. 2 ArbSchG von einer „geeigneten Organisation" spricht, d.h. dem Verleiher bleibt bei der betrieblichen Umsetzung ein Entscheidungsspielraum.[101] Ein Teilbereich der Arbeitsschutzorganisation, bei der dieses Mitbestimmungsrecht von Bedeutung ist, ist beispielsweise in der Entscheidung zu sehen, welche Anforderungen an die fachliche Qualifikation der im Zeitarbeitsunternehmen zu beschäftigenden Personal-Disponenten zu stellen sind.[102] Diese treffen eine große Verantwortung, da sie durch ihre Einsatzplanung darüber entscheiden, wo die Leiharbeitskraft eingesetzt wird und welchen Gefahren sie ausgesetzt ist. Auch zu dem Bereich der Arbeitsschutzorganisation gehört die Verpflichtung des Verleihers, Betriebsärzte nach § 2 ASiG und Fachkräfte für Arbeitssicherheit nach § 5 ASiG zu bestellen. Bei der Bestellung dieser Personen, hat der Verleiherbetriebsrat ein eigenständiges Mitbestimmungsrecht nach § 9 Abs. 3 ASiG. Auch hat der Verleihbetriebsrat ein Mitbestimmungsrecht bei der Frage, ob diese Personen als Arbeitnehmer oder als freiberufliche Kräfte verpflichtet werden (§§ 2 Abs. 3 S. 2, 4; 5 Abs. 3 S. 2, 4 ASiG).

Bei der in § 12 Abs. 1 ArbSchG geregelten Unterweisungspflicht des Verleihers steht dem Betriebsrat ein Mitbestimmungsrecht nach § 87 Abs. 1 Nr. 7 BetrVG hinsichtlich des Verfahrens, der Gestaltung, der Dauer, der Anpassung und der Wiederholung der Unterweisung zu.[103]

---

[97] *Wlotzke/Richardi,* MünchArbR Bd. 2, § 202, Rz. 33.

[98] *Schüren/Hamann*, AÜG, § 14 , Rz. 370.

[99] Ebenda..

[100] *Kittner/Pieper*, ArbSchG, § 3, Rz. 6.

[101] *Wlotzke/Richardi*, MünchArbR Bd. 2, § 208, Rz. 35.

[102] Vgl. *Julius,* S. 140, 141.

[103] *Julius,* S. 143.

5.2 Die arbeitsschutzbezogenen Aufgaben des Entleihbetriebrats

Trotz der in § 14 Abs. 1 AÜG eindeutig getroffenen Regelung gehört die Leiharbeitskraft betriebsverfassungsrechtlich immer auch zum Entleihbetrieb.[104] Dies wird auch durch die in § 7 S. 2 BetrVG getroffene Regelung verdeutlicht, wodurch der Leiharbeitskraft ein aktives Wahlrecht zugesprochen wird, wenn diese länger als drei Monate im Entleihbetrieb eingesetzt wird. Zudem sind in § 14 Abs. 2 S. 3 AÜG einige Bestimmungen des BetrVG aufgeführt, die auch für die im Entleihbetrieb tätigen Leiharbeitnehmer gelten. Die in § 14 Abs. 2 S. 2, 3 AÜG genannten Beteiligungsrechte sind allerdings nicht abschließend.[105] Als Grundregel für die Zuständigkeit des Entleihbetriebsrat lässt sich anführen, dass ihm überall dort betriebsverfassungsrechtliche Befugnisse in Bezug auf Leiharbeitnehmer zustehen, wo diese die Eingliederung in eine fremde Arbeitsorganisation voraussetzen oder an die Erbringung der Arbeitsleistung im fremden Betrieb anknüpfen. Soweit die Beteiligungsrechte einen Sachbezug zum Leiharbeitsvertrag haben, ist allein der Verleiherbetriebsrat zuständig.[106]

Fraglich ist, ob der Entleihbetriebsrat hiernach auch für die relevanten arbeitsschutzbezogenen Informations- und Unterrichtungsrechte nach § 80, § 89 und § 90 Abs. 1 BetrVG, die Beratungs- und Mitbestimmungsrechte nach § 90 Abs. 2 und § 91 BetrVG und das zwingende Mitbestimmungsrecht gem. § 87 Abs. 1 Nr. 7 BetrVG zuständig ist, die in § 14 Abs. 2 S. 3 AÜG nicht erwähnt sind. All diese Rechte des Betriebsrats betreffen Fragen des betrieblichen Arbeitsschutzes. Da die Leiharbeitnehmer in die betriebliche Organisation des Entleihbetriebs integriert sind, sind deren arbeits- und gesundheitsbezogenen Interessen grundsätzlich berührt, so dass die Zuständigkeit des Entleihbetriebsrats für die arbeitsschutzrechtlichen Beteiligungsrechte zu bejahen ist.

Es stellt sich allerdings die Frage, wie diese arbeitsschutzbezogenen Beteiligungsrechte des Entleihbetriebsrats inhaltlich ausgestaltet sind. Die allgemeine Überwachungsaufgabe nach § 80 Abs. 1 Nr. 1 BetrVG ist bei Arbeitnehmerüberlassungsverhältnissen um die speziellen Vorschriften zum Schutz der Leiharbeitnehmer zu ergänzen.[107] Das AÜG enthält z.B. in § 1 Abs. 1 S. 1, § 11 Abs. 5 bis 7 selbst solche Schutzvorschriften, über deren Einhaltung der Entleihbetriebsrat im Interesse der Leiharbeitnehmer zu wachen hat.[108]

Ferner hat der Betriebsrat zu überwachen, ob der Entleiher gem. § 8 Abs. 1 ArbSchG seiner Pflicht zur arbeitsschutzrechtlichen Zusammenarbeit nachkommt. Soweit hierzu Regelun-

[104] *Ulber*, AÜG, § 14, Rz. 10.

[105] *Schüren/Hamann*, AÜG, § 14 Rz. 73; *Ulber,* AÜG, § 14, Rz. 50.

[106] *Schüren/Hamann*, AÜG, § 14 Rz. 212.

[107] *Julius,* S. 143.

[108] *Schüren/Hamann*, AÜG, § 14 Rz. 216.

gen im Arbeitnehmerüberlassungsvertrag getroffen oder anderweitig dokumentiert wurden, sind diese Unterlagen gem. § 80 Abs. 2 BetrVG dem Betriebsrat zur Verfügung zu stellen.[109]

Neben der Überwachung dieser speziellen Normen hat der Entleihbetriebsrat gem. § 80 Abs. 1 BetrVG die Anwendung der sonstigen Arbeitsschutz- und Unfallverhütungsvorschriften zu überwachen (z.B. ASiG, ArbStättVO, ArbZG, JArbSchG, MuSchG, SGB IX), die im Entleihbetrieb für die Stammarbeitnehmer und durch die organisatorische Eingliederung auch für die Leiharbeitskräfte gelten. Soweit Tarifverträge und Betriebsvereinbarungen Regelungen über den Schutz der Arbeitnehmer im Betrieb enthalten, sind diese auch hinsichtlich der Leiharbeitnehmer zu beachten.[110]

Das zwingende Mitbestimmungsrecht des Entleihbetriebsrats nach § 87 Abs. 1 Nr. 7 BetrVG ist weitergehend als das des Verleihbetriebsrats und umfasst auch die Mitbestimmung bei betriebsbezogenen Arbeitsschutzmaßnahmen. So hat er beispielsweise ein Mitbestimmungsrecht bei der Auswahl zwischen mehreren gleich geeigneten Schutzausrüstungen nach § 2 PSA-BV oder bei der Gestaltung von Bildschirmarbeitsplätzen gem. § 4 Abs. 1 BildscharbV.[111]

---

[109] *Julius,* S. 145.

[110] *Schüren/Hamann,* AÜG, § 14 Rz. 217.

[111] LAG Hamburg, AP Nr. 11 zu § 87 BetrVG 1972.

6 Der privatrechtliche Arbeitsschutz in der Arbeitnehmerüberlassung

Neben dem öffentlich-rechtlichen Arbeitsschutzrecht begründen die Vorschriften des Privatrechts arbeitsschutzrechtliche Pflichten des Arbeitgebers. Diese werden ihm durch Gesetz, Tarifvertrag oder Betriebsvereinbarung auferlegt. Innerhalb des Gesetzes lassen sich in § 618 BGB und § 62 HGB Regelungen finden, woraus sich unmittelbar Pflichten für den Arbeitgeber ableiten lassen. Es ist heute allgemein anerkannt das die Interessenwahrungs- und Fürsorgepflichten durch die entsprechenden Normen des staatlichen Arbeitsschutzes konkretisiert werden.[112] Die öffentlich-rechtlichen Schutznormen entfalten somit eine sogenannte Doppelwirkung, indem sie den Inhalt des Arbeitsvertrags beeinflussen.[113] § 618 BGB bildet ein „rechtliches Tor“, durch die die öffentlich-rechtlichen Pflichten zu unabdingbaren vertraglichen Schutzpflichten werden, soweit sie Gegenstand einer arbeitsvertraglichen Vereinbarung sein können.[114] Aufgrund der Tatsache, dass ein Arbeitsvertrag nur zwischen dem Verleiher und der Leiharbeitskraft besteht, kann somit nicht ohne weiteres davon ausgegangen werden, dass die öffentlich-rechtlichen Arbeitsschutz- und Unfallverhütungsvorschriften Pflichten des Entleihers zum Schutz der in seinem Betrieb tätigen Leiharbeitskräfte erzeugen können. Es stellt sich daher die Frage, ob das Verhältnis zwischen Entleiher und Leiharbeitskraft, das sogenannte Leistungsverhältnis, eine vertragsähnliche Grundlage bietet, um privatrechtliche Schutz- und Fürsorgepflichten zu begründen.

Nach Ansicht des BAG folgt die Fürsorgepflicht aus dem Weisungsrecht des Entleihers.[115] Jedoch ist die Ableitung einer über das Weisungsrecht hinausgehende Rechts- und Pflichtenstellung des Entleihers, die auch die Fürsorgepflicht umfasst, allein mit dem tatsächlich ausgeübten Weisungsrecht rechtlich nicht zu begründen.[116] Denn die Fürsorgepflicht kann nur aus einem bestehenden Arbeitsverhältnis abgeleitet werden und sich nicht aus der Unterordnung des Leiharbeitnehmers unter die Organisationsgewalt des Entleihers ergeben.

In der Literatur wurden verschiedene Ansätze entwickelt, um privatrechtliche Schutz- und Fürsorgepflichten zu begründen. So wird versucht, Schutzpflichten über den Weg einer abgeleiteten Rechtsposition des Entleihers und der tatsächlichen Erbringung der Arbeitsleistung durch den Leiharbeitnehmer[117] oder auf der Grundlage der rein tatsächlichen Eingliе-

---

[112] *Lorenz,* MünchKommBGB, § 618 Rz. 6.

[113] Vgl. *Nipperdey* in: Festgabe zum 50 jährigen Bestehen des RG, Bd. IV, 1929, S. 203 (207 ff.).

[114] *Wlotzke/Richardi,* MünchArbR Bd. 2, § 206 Rz. 5.

[115] BAGE 25, 514, 522; DB 1978, 1504; DB 1983, 2258, 2259; DB 1989, 131.

[116] So auch *Heinze,* ZfA 1976, S. 183 (196).

[117] *Ulber* AÜG, § 11 Rz. 131.

derung des Arbeitsnehmers in den Betrieb des Entleihers und dessen Stellung als faktischer Arbeitgeber[118] zu begründen.

Fraglich erscheint, ob durch die organisatorische Eingliederung der Leiharbeitnehmer in den Betrieb des Entleihers, zivilrechtliche Schutzpflichten begründet werden können. Durch diese Eingliederung ist der Leiharbeitnehmer als Beschäftigter des Entleihers i.S.d. ArbSchG anzuerkennen. Gleichwohl werden hieran nur die öffentlich-rechtlichen Schutzpflichten geknüpft. Eine automatische Übertragung der zivilrechtlichen Schutzpflichten folgt hieraus jedoch nicht. Nach der geltenden Arbeitsschutzrechtsdogmatik ist hierfür eine Transformationsnorm erforderlich.[119] Daher kann die Eingliederung in den Entleihbetrieb oder die tatsächliche Erbringung der Arbeitsleistung durch den Leiharbeitnehmer nicht das Bestehen von Schutz- und Fürsorgepflichten der Arbeitnehmerüberlassung begründen.[120]

Des Weiteren wird in der Literatur versucht, die Konstruktion des Vertrags mit Schutzwirkung zugunsten Dritter auf Arbeitnehmerüberlassungsverhältnisse zu übertragen, um dem Entleiher Schutz- und Fürsorgepflichten aufzuerlegen.[121] Die Rechtsfigur des Vertrags mit Schutzwirkung zugunsten Dritter ist nicht ausdrücklich im BGB geregelt, sondern wird über den mit der Schuldrechtsmodernisierung 2001 neu eingefügten § 311 Abs. 3 BGB entwickelt. Dieser stellt fest, dass ein Schuldverhältnis mit Pflichten nach § 241 Abs. 2 BGB auch zu solchen Personen entstehen kann, die selbst nicht Vertragspartei sein sollen.[122] Die Vertreter dieser Meinung wollen die Leiharbeitskraft als zu schützenden Dritten in den Schutzbereich des zwischen dem Verleiher und dem Entleiher geschlossenen Arbeitnehmerüberlassungsvertrags einbeziehen. Fraglich ist jedoch, ob die Voraussetzungen des Vertrags mit Schutzwirkung zugunsten Dritter im Rahmen des Leistungsverhältnisses gegeben sind. Dazu müsste sich der Leiharbeitnehmer zunächst „in Leistungsnähe“ des eigentlichen Vertrags, dem Arbeitnehmerüberlassungsvertrags befinden, d.h. er müsste mit der geschuldeten Hauptleistung des Vertragsgläubigers in gleicher Weise wie dieser selbst in Berührung kommen. Die Hauptleistungspflicht des Entleihers besteht in der Zahlung der Vergütung für die vom Verleiher überlassene Leiharbeitskraft. Es besteht jedoch keine vertragliche Nebenpflicht, die die Fürsorgepflicht gegenüber dem Leiharbeitnehmer erfasst, die auf den Leiharbeitnehmer erstreckt werden kann.[123] Daher ist der Versuch, einen Vertrag mit Schutzwirkung zugunsten des Leiharbeitnehmers zu konstruieren, nicht haltbar.[124]

---

[118] *Schüren/Feuerborn,* AÜG, § 11 Rz. 119.

[119] *Julius,* S. 198.

[120] Ebenda.

[121] *Becker/Wulfram,* AÜG, § 11 Rz. 60a.

[122] *Klunzinger,* S. 203.

[123] *Schüren,* AÜG, Einleitung Rz. 107.

[124] Gegenansicht: *Julius,* S. 199.

Schließlich gibt es in der Literatur noch die Ansicht, die Schutzpflichten des Entleihers über das nunmehr in § 241 Abs. 2 BGB normierte gesetzliche Schutzpflichtverhältnis zu begründen.[125] Diese Ansicht verweist auf § 311 Abs. 2 und 3 BGB, wonach ein Schuldverhältnis mit Pflichten nach § 241 Abs. 2 BGB auch unabhängig vom Zustandekommen eines Vertrages begründet wird.[126] Hierzu ist zu sagen, dass zumindest der Hinweis auf § 311 Abs. 2 BGB nicht überzeugend ist. Denn in dieser Auflistung geht es nur um Kontakte, die im Zusammenhang mit einem etwaigen Vertragsschluss stehen. Ein derartiger Vertragsschluss kommt aber im Verhältnis zwischen Leiharbeitnehmer und Entleiher nicht in Betracht.

Der Schwerpunkt der Argumentation derjenigen, die die privatrechtliche Fürsorgepflicht mit der Schutzpflichtenlehre begründen, liegt denn auch auf § 311 Abs. 3 BGB. Nach § 311 Abs. 3 S. 1 BGB kann ein Schuldverhältnis mit Pflichten nach § 241 Abs. 2 BGB auch zu Personen entstehen, die nicht selbst Vertragspartei werden sollen. Das spricht zunächst für die Möglichkeit, eine solche Beziehung auch im hier zu untersuchenden Leistungsverhältnis zu konstruieren. Die Hauptthese der Schutzpflichtenlehre liegt darin, dass überall dort, wo in besonderem Maße Vertrauen in Anspruch genommen wird, sich Schutzpflichten im Sinne des § 241 Abs. 2 BGB ergeben.[127] Die Anhänger dieser Lehre sehen ein starkes Argument in § 311 Abs. 3 S. 2 BGB, der scheinbar aufgrund bloßer Vertrauensschutzaspekte auf Seiten des Dritten ein Schuldverhältnis entstehen lässt.[128] Dabei wird aber übersehen, dass das in dieser Vorschrift behandelte Regelbeispiel am Ende zusätzlich voraussetzt, dass Vertragsverhandlungen oder der Vertragsschluss erheblich beeinflusst wird. Das Gesetz knüpft also an die in § 311 Abs. 2 BGB genannten Fälle an. Wie bereits dargestellt, spielen diese Fälle aber für den Leiharbeitnehmer keine Rolle. Deswegen spricht § 311 Abs. 3 BGB eher gegen die Begründung von Schutzpflichten des Entleihers.

Als Ergebnis kann festgehalten werden, dass besondere privatrechtliche Fürsorgepflichten des Entleihers gegenüber dem Leiharbeitnehmer auf vertraglichem oder vertragsähnlichem Wege kaum herzuleiten sind. Es bleiben folglich nur noch deliktsrechtliche Schutzpflichten (§§ 823 ff. BGB), um eventuelle Ansprüche des Leiharbeitnehmers zu begründen. Diese verschaffen dem Leiharbeitnehmer jedoch keine privilegierte Rechtsposition, da sie gegenüber jedermann gelten. Eine Haftung für den Verrichtungsgehilfen nach § 831 Abs. 1 BGB kann nach dem BAG[129] begründet sein, wenn das widerrechtliche Verhalten des Leiharbeitnehmers in die Weisungszuständigkeit des Verleihers fällt. In den Praxis werden solche

[125] Begründet von *Canaris*, JZ 1965, 475 ff.; dem folgend: *Konzen,* ZFA 1982, 259, 285 ff.

[126] *Julius*, S. 205.

[127] *Canaris*, JZ 1965, 475, 476.

[128] *Julius,* S. 207.

[129] BAG vom 05.05.1988, NZA 1989, 340.

Ansprüche wohl regelmäßig an der Möglichkeit der Exculpation durch den Geschäftsherrn nach § 831 Abs. 1 S. 2 BGB scheitern.

7 Berücksichtigung von Leiharbeitnehmern bei Schwellenwerten

Die Normen des öffentlich-rechtlichen Arbeitschutzes enthalten zum Teil Schwellenwerte, die auf die Beschäftigtenzahl abstellen. So ist beispielsweise gem. § 11 ASiG in Betrieben mit mehr als zwanzig Beschäftigten, soweit in einer sonstigen Rechtsvorschrift nichts anderes bestimmt ist, ein Arbeitsschutzausschuss zu bilden. Nach § 18 Abs. 1 MuSchG ist in Betrieben und Verwaltungen, in denen regelmäßig mehr als drei Frauen beschäftigt werden, ein Abdruck des MuSchG an geeigneter Stelle auszulegen oder auszuhängen. Es stellt sich nunmehr die Frage, ob die Leiharbeitnehmer bei diesen Schwellenwerten mit zu berücksichtigen sind.

Die Frage der Berücksichtigung der Leiharbeitnehmer bei Schwellenwerten wurde bisher vorwiegend in Bezug auf die im BetrVG befindlichen Schwellenwerte diskutiert.

Das Bundesarbeitsgericht hat hierzu in zwei Entscheidungen[130] entschieden, dass Leiharbeitnehmer nicht als Arbeitnehmer des Entleihers anzuerkennen sind und folglich nicht bei den Schwellenwerten in § 9 BetrVG und § 38 BetrVG mit zu berücksichtigen sind. Das BAG führt hierzu an, dass eine tatsächliche Eingliederung in die Betriebsorganisation nicht die Betriebszugehörigkeit zum Entleihbetrieb begründe. Dies ergäbe sich auch aus § 14 Abs. 1 AÜG wonach die Leiharbeitnehmer auch während der Zeit ihrer Arbeitsleistung bei einem Entleiher Angehörige des entsendeten Betriebs bleiben.

In der Literatur wird dies jedoch kontrovers diskutiert. Hier wird z.T. eine Berücksichtigung der Leiharbeitnehmer generell, wie vom BAG vertreten, abgelehnt.[131] Als Begründung wird auch hier angeführt, dass die Leiharbeitskräfte nicht in einem Arbeitsverhältnis zum Betriebsinhaber stehen und daher nicht als Arbeitnehmer des Betriebes im Sinne des betriebsverfassungsrechtlichen Arbeitnehmerbegriffs anzuerkennen sind, der durch das Bestehen eines Arbeitsverhältnisses gerade zum Betriebsinhaber und durch die tatsächliche Eingliederung in die Betriebsorganisation konstituiert wird.[132]

Andere Meinungen zählen die Leiharbeitnehmer hingegen mit, wobei jeweils differenziert wird. So wird beispielsweise die Ansicht vertreten, dass sie mit zu berücksichtigen sind, sofern sie regelmäßig besetzte Arbeitsplätze einnehmen.[133] Das bedeutet, dass danach unterschieden wird, ob diese auf Dauerarbeitsplätzen oder nur vorübergehend zur Aushilfe bei

---

[130] Urteil vom 16.04.2003, RdA 2004, 181; Urteil vom 22.10.2003, DB 2004, 939.

[131] *Konzen*, RdA 2001, 76, 83f., *Löwisch*, BB 2001, 1734, 1737; *Maschmann,* DB 2001, 2446, 2448, *Schiefer,* DB 2002, 1774.

[132] *Löwisch*, BB 2001, 1734.

[133] *Reicholt,* NZA 2001, 857, 861.

einem außerplanmäßigen Mehrbedarf oder zur Vertretung von Stammmitarbeitern eingesetzt werden.

Fraglich ist, wie hinsichtlich dieser Meinungsdivergenzen in Bezug auf die betriebsverfassungsrechtlichen Schwellenwerte die Berücksichtigung der Leiharbeitnehmer in den Normen des öffentlichen-rechtlichen Arbeitsschutzes zu beurteilen ist.

Hinsichtlich des Schwellenwertes in § 18 Abs. 1 MuSchG ist zunächst festzustellen, dass der Wortlaut von „regelmäßig" Beschäftigten spricht. „Regelmäßig" hat hier die Bedeutung von „üblicherweise", „durchwegs", „fast immer".[134] Da Leiharbeitnehmer i.d.R. nur vorübergehend im Entleihbetrieb beschäftigt werden, scheitert die Zuordnung bereits an dieser Voraussetzung. Des Weiteren umfasst der Beschäftigtenbegriff des § 18 Abs. 1 MuSchG nur betriebsangehörige Arbeitnehmerinnen[135], so dass Leiharbeitnehmer, die nur mit dem Verleiher in arbeitsvertraglicher Beziehung stehen, nicht mit zu zählen sind.

Die in § 11 ASiG geregelte Pflicht zur Bildung eines Arbeitsschutzausschusses besteht für Betriebe mit mehr als zwanzig Beschäftigten. Der Beschäftigtenbegriff des ASiG lehnt sich jedoch nicht an die weite Definition des § 2 Abs. 2 ArbSchG an. Beschäftigte i.S.d. ASiG sind nur Arbeitnehmer und zu ihrer Berufsbildung Beschäftigte.[136] Der Arbeitgeber hat folglich bei der Bildung des Arbeitsschutzausschusses die Leiharbeitskräfte nicht mit zu berücksichtigen.

Die nachfolgende Tabelle stellt die Berücksichtigung von Leiharbeitnehmer bei ausgewählten arbeitsschutzrechtlichen Schwellenwerten zusammen.

		Berücksichtigung des Leiharbeiters bei Schwellenwert beim	
Vorschrift	**Regelung**	**Verleiher**	**Entleiher**
§ 6 Abs. 1 ArbschG	Pflicht zur Dokumentation der Gefährdungsbeurteilung bei mehr als 10 Beschäftigen	Ja	Ja
§ 11 S. 1 AsiG	Bildung eines Arbeitsschutzausschusses bei mehr als 20 Beschäftigten	Ja	Nein
§ 22 Abs. 1 SGB VII	Bestellung von Sicherheitsbeauftragten bei regelmäßig mehr als 20 Beschäftigten	Ja	Ja
§ 6 Abs.3 ArbStättV	Zur Verfügungstellung eines Pausenraums bei mehr als 10 Beschäftigten	Ja	Ja

[134] *Buchner/Becker,* MuSchG, § 18 Rz. 26.

[135] *Buchner/Becker,* MuSchG, § 18 Rz. 21.

[136] *Anzinger/Bieneck,* ASiG, § 11 Rz. 14 f.

§ 26 Abs. 1 Nr. 1 BGV A1	Pflicht zur Bestellung eines Ersthelfers bei 2 bis 20 anwesendenVersicherten	Ja	Nein
§ 26 Abs. 1 Nr. 2 BGV A1	In Verwaltungs und Handelsbetrieben mit mehr als 20 anwesenden Versicherten sind 5%, in sonstigen Betrieben 10% Ersthelfer zur Verfügung zu stellen	Ja	Nein

Abbildung 6: Auswahl arbeitsschutzrechtlicher Schwellenwerte

Auf die Darstellung der Berücksichtigung von Leiharbeitnehmern bei anderen gesetzlichen Schwellenwerten wurde aus Gründen einer besseren Übersicht verzichtet. Gleichwohl bleibt festzuhalten, dass die in den einzelnen Gesetzen vorzufindenden Beschäftigtenbegriffe in ihrer Reichweite erheblich voneinander abweichen. Dies führt für den Rechtsanwender zu einer sehr unübersichtlichen Situation und lässt die Forderung nach einer einheitlichen Begriffsbildung von Seiten des Gesetzgebers lauter werden.

8 Ergebnis

Die Ausführungen haben verdeutlicht, dass sich die arbeitsschutzrechtlichen Verantwortungsbereiche für den Leiharbeitnehmer nur schwer abgrenzen lassen. Aus den Normen des öffentlich-rechtlichen Arbeitsschutzrechts ergibt sich ein abgestuftes System der Verantwortlichkeit, das an die gefährdungsrelevante Integration der Arbeitskräfte in der Betriebsorganisation des Betriebsinhabers und die Einwirkungsmöglichkeiten des Ent- bzw. Verleihers anknüpft. Privatrechtliche Schutzpflichten ergeben sich im Verhältnis Verleiher zu Leiharbeitskraft aus § 616 BGB und § 58 HGB. Für den Entleiher lassen sich privatrechtliche Fürsorgepflichten gegenüber dem Leiharbeitnehmer nicht begründen.

Um Organisationsmängel zu vermeiden, empfiehlt es sich, eine Arbeitsschutzvereinbarung als Bestandteil des Arbeitnehmerüberlassungsvertrages abzuschließen. Diese soll für das Verhältnis zwischen Ver- und Entleiher verbindlich klarstellen, wer für Sicherheit und Gesundheitsschutz des überlassenen Arbeitnehmers zuständig ist und welche Maßnahmen von wem zu veranlassen sind.[137] Darüber hinaus ist es sinnvoll, die einzelnen Schritte in dem Prozess der Arbeitnehmerüberlassung sowie deren Vor- und Nachbereitung sowohl im Entleih- als auch im Verleihbetrieb zu definieren, zu systematisieren und aufeinander abzustimmen. Die Verwaltungsberufsgenossenschaft hat hierzu entsprechende Leitfäden mit nützlichen Checklisten entwickelt.[138]

Als wichtigster Leitfaden, unabhängig von Arbeitsschutzorganisation, gesetzlichen Arbeitsschutzvorschriften und privatrechtlichen Vereinbarungen, empfiehlt sich jedoch ein Zitat des Unternehmers Werner Siemens aus dem Jahre 1880:

„Das Verhüten von Unfällen darf nicht als eine Vorschrift des Gesetzes aufgefasst werden, sondern als ein Gebot menschlicher Verpflichtung und wirtschaftlicher Vernunft."

---

[137] Ein Muster für eine Arbeitsschutzvereinbarung ist im Anhang enthalten.

[138] BGI 5021 - Leitfaden für Unternehmen, die Mitarbeiter flexibel einsetzen wollen; BGI 5020 - VBG-Branchenleitfaden für die Gestaltung der Arbeitsorganisation in Zeitarbeitsunternehmen; abrufbar unter: http://www.vbg.de/downloads, Stand: 15.12.2008.

9 Anhang

9.1 Arbeitsschutzvereinbarung

Arbeitsschutzvereinbarung

(Bestandteil des Arbeitnehmerüberlassungsvertrags)

Verleiher

Entleiher

Gemäß § 11 Abs. 6 AÜG unterliegt die Tätigkeit unseres Mitarbeiters den für Ihren Betrieb geltenden öffentlich-rechtlichen Vorschriften des Arbeitsschutzrechtes; die hieraus sich ergebenden Pflichten für den Arbeitgeber obliegen dem Entleiher unbeschadet der Pflichten des Verleihers.

Die nachfolgenden Vereinbarungen zu Sicherheit und Gesundheitsschutz gelten für den/die folgende/n Mitarbeiter/in:

Frau/Herr

Tätigkeit

Beschreibung/Charakterisierung der Tätigkeit:

Einsatzort: **Einsatzdauer**:

Besondere Merkmale der Tätigkeit

Erforderliche Qualifikationen

Arbeitsmedizinische Vorsorge

Für die Tätigkeit sind folgende arbeitsmedizinische Vorsorgeuntersuchungen erforderlich:

	Bescheinigung liegt vor			
	Ja	Nein	Verleiher	Entleiher
1.	☐	☐	☐	☐
2.	☐	☐	☐	☐
3.	☐	☐	☐	☐

Arbeitsmedizinische Vorsorgeuntersuchungen sind nicht erforderlich ☐

Erforderliche Persönliche Schutzausrüstung (PSA)

gestellt durch	Verleiher	Entleiher
Sicherheitsschuhe	☐	☐
Gehörschutz	☐	☐
Schutzhandschuhe	☐	☐
Atemschutz	☐	☐
Helm	☐	☐
Arbeitskleidung	☐	☐
Schutzbrille	☐	☐
Sonstiges:	☐	☐

Besondere Gefahren

z. B. Höhenarbeit ☐ Säuren/Laugen ☐ Staub/Eisen ☐

enge Räume ☐ Farben/Verdünner ☐ Krebserregende Stoffe ☐

Arbeitszeiten

von bis Uhr / von bis Uhr

Schichtarbeit: ja ☐ nein ☐

Sonn-/Feiertagsarbeit: ja ☐ nein ☐

wenn ja:

Genehmigung durch Staatl. Amt für Arbeitsschutz ja ☐ nein ☐

Erste Hilfe

Einrichtungen und Maßnahmen der Ersten Hilfe werden vom Entleiher sichergestellt.

Sicherheitstechnische Einweisung am Tätigkeitsort

Der Entleiher unterweist den Leiharbeitnehmer bezogen auf den Arbeitsplatz und den Aufgabenbereich in Sicherheit und Gesundheitsschutz. Dies umfasst auch die Unterweisung und Übung bei der Benutzung von Persönlicher Schutzausrüstung, die gegen tödliche Gefahren oder bleibende Gesundheitsschäden schützen soll. Die Unterweisung ist zu dokumentieren. Maßnahmen bei Umsetzung. Eine Umsetzung des Leiharbeitnehmers an einen anderen als den oben vereinbarten Arbeitsplatz/Arbeitsbereich kann nur mit Zustimmung des Verleihers erfolgen.

Arbeitsplatzbesichtigung

Die Besichtigung des Arbeitsplatzes des Leiharbeitnehmers und die Umsetzung dieser Arbeitsschutzvereinbarung werden durch den Verleiher durchgeführt.

Arbeitsunfall

Der Entleiher verpflichtet sich, dem Verleiher einen Arbeitsunfall sofort zu melden. Ein meldepflichtiger Arbeitsunfall ist gemeinsam zu untersuchen.

Unterschrift Entleiher | Unterschrift Verleiher

9.2 Checkliste für eine Arbeitsschutzunterweisung[139]

Datum	
Thema	Besprochen
Allgemeine Informationen über den Betrieb	
Vorstellung von Kollegen und Rundgang durch den Betrieb, Sozialräume	
Erläuterung, warum Arbeitsschutz für den Betrieb wichtig ist und was im Betrieb dafür getan wird	
Vorstellung der Ansprechpartner für den Arbeitsschutz: Ersthelfer, ggf. Sicherheitsbeauftragte, Betriebsrat/ Personalrat	
Wer ist Fachkraft für Arbeitssicherheit, Betriebsarzt?	
Erklärung von Gebots- und Verbotsregeln und -kennzeichen	
Erklärung, was vom Mitarbeiter im Arbeitsschutz erwartet wird und wie er dazu beitragen kann	
Erläuterung der Meldepflicht von Arbeits- und Wegeunfällen und berufsbedingten Erkrankungen	
Meldung von Gefahren, Notfallmeldung, Notrufnummern	
Möglichkeiten, sich zu informieren, welche BG-Vorschriften gelten und wo der Mitarbeiter sie findet	
Unterweisung am Arbeitsplatz	
Verhaltensregeln für den Arbeitsbereich	
Fluchtplan, Notausgänge, Rettungswege, Feuerlöscheinrichtungen	
Ausgabe von persönlicher Schutzausrüstung und Hinweis auf die Benutzungspflicht	
Einweisung am Arbeitsplatz: Besonderheiten des Arbeitsplatzes, ggf. Betriebsanweisungen	
Welche Gefährdungen können am Arbeitsplatz auftreten und wie kann der Mitarbeiter sich dagegen schützen?	
Fragen des Mitarbeiters/ besondere Themen:	
Unterschrift des Mitarbeiters	

[139] *Zander/Frisch/Voget,* Leitfaden – in siebzehn Schritten zum Arbeitsschutzmanagement, Anhang 9.1, abrufbar unter http://www.mittlerer-niederrhein.ihk.de/media/upload/ihk/imap/20080601/broschuere_asm.pdf, Stand: 15.12.2008.

9.3 Gefährdungsbeurteilung und Dokumentation nach §§ 5, 6 ArbSchG[140]

Checkliste Gefährdungsfaktoren			
Ersteller:		Datum der Gefährdungsermittlung:	
Betriebsbereich:			
Arbeitsplatz/Tätigkeit:			
1. Mechanische Gefährdung	☐1.1 Ungeschützte bewegte Teile (z.B. Quetschteile) ☐1.4 Unkontrollierte bewegte Teile	☐1.2 Teile mit gefährlichen Oberflächen ☐1.5	☐1.3 Bewegte Transportmittel, Arbeitsmittel (z.B. Gabelstapler)
2. Elektrische Gefährdungen	☐2.1 Ungeschützte unter Spannung stehende Teile ☐2.4	☐2.2 Lichtbögen	☐2.3 Elektrostatische Aufladungen
3. Gefährdungen durch Stoffe	☐3.1 Feststoffe, Flüssigkeiten, Gase ☐3.4 Arbeiten im feuchtem Milieu	☐3.2 Nebel, Dämpfe, Stäube ☐3.5	☐3.3 Belastung durch Gerüche
4. Biologische Gefährdung	☐4.1 Infektionsgefährliche Mikroorganismen (z.B. Bakterien, Viren, Pilze ☐4.4	☐4.2 Genetisch veränderte Organismen	☐4.3 Allergene und toxische Stoffe von Mikroorganismen
5. Gefährdung, Belastung durch Arbeitsumgebungsbedingungen	☐5.1 Enge Räume ☐5.4 Klima (Hitze, Kälte, Zugluft, Luftfeuchtigkeit)	☐5.2 Verkehrswege/ Fluchtwege ☐5.5 Sturz, Ausrutschen, Stolpern, Umknicken	☐5.3 Beleuchtung ☐5.6 Absturz

[140]http://www.arbeitsschutz.nrw.de/bp/good_practice/DownloadPraxishilfen/checkliste_gefaehrdungsfaktoren.pdf; http://www.arbeitsschutz.nrw.de/bp/good_practice/DownloadPraxishilfen/gefbe_doku.pdf; Stand: 15.12.2008.

6. Gefährdung durch spezielle physikalische Einwirkungen	☐6.1 Lärm	☐6.2 Vibrationen (z.B. Ganzkörperschwingungen)	☐6.3 Arbeiten in Unter- oder Überdruck
	☐6.4 Kontakt mit heißen oder kalten Medien	☐6.5 Ionisierende Strahlung (z.B. Röntgenstrahlung)	☐6.6 Infrarote, ultraviolette Strahlung
	☐6.7 Elektromagnetische Felder	☐6.8 Laserstrahlung	☐6.9
7. Brand- und Explosionsgefährdung	☐7.1 Brennbare Feststoffe, Flüssigkeitenm Gase	☐7.2 Explosionsfähige Atmosphäre (z.B. Stäube)	☐7.3 Sprengstoffe/ Explosivstoffe
	☐7.4		
8. Physische Belastung/ Arbeitsschwere	☐8.1 Schwere dynamische Arbeit (z.B. manuelle Handhabung von Lasten)	☐8.2 Einseitige dynamische Arbeit, Körperbewegung (z.B. häufig wiederholte Bewegungen)	☐8.3 Zwangshaltung
	☐8.4		
9. Wahrnehmung und Handhabbarkeit	☐9.1 Wahrnehmung von Signalen und Prozessmerkmalen (z.B. Softwaregestaltung)	☐9.2 Erschwerte Handhabbarkeit von Arbeitsmitteln, Greifräume	☐9.3
10. Psychische Belastungen durch die Arbeit	☐10.1 Arbeitsaufgabe (z.B. Qualifikation, Über-/ Unterforderung, Burnout)	☐10.2 Arbeitsorganisation (z.B. Arbeitszeit, Schichtarbeit, Arbeitsläufe, Stress)	☐10.3 Soziale Bedingungen (z.B. Betriebsklima, Führungsverhalten)
	☐10.4 Arbeitsumgebung	☐10.5	
11. Sonstige Gefährdungen/ Belastungen	☐11.1 durch Menschen (z.B. Überfall)	☐11.2 durch Tiere (z.B. gebissen werden)	☐11.3 durch Pflanzen/ pflanzliche Produkte
	☐11.4 Alkohol- und Drogenmissbrauch	☐11.5 Ungeeignete persönliche Schutzausrüstung	☐11.6

Dokumentation		
Arbeitsbereich:	Tätigkeitsbereich:	Beschäftigte/r:

Nr.	Gefährdungen/ Belastungen	Handlungs-bedarf ja / nein	Maßnahmen (technisch, organisatorisch, persönlich)	Durchführung			Überprüfung
				wer	bis wann	durchge-führt am	Wirksamkeit überprüft durch/am

9.4 Leitsätze zur Arbeit

LAG Hamburg vom 26.05.2008 - 5 TaBV 12/07
Auch im Rahmen nichtgewerbsmäßiger Leiharbeit ist § 14 Abs. 2 AÜG entsprechend anwendbar, so dass Leiharbeitnehmer nicht passiv zum Betriebsrat wählbar sind. Dies gilt auch dann, wenn die Überlassung zu einem Entleiher länger als 2 Jahre andauert. § 14 Abs. 2 AÜG verstößt nicht gegen Art. 3 Abs. 1 GG..

BAG vom 23. 1. 2008 - 1 ABR 74/06, NZA 2008, 603
Die Aufnahme von Leiharbeitnehmern in einen Stellenpool für den Einsatz im Entleiherbetrieb ist keine mitbestimmungspflichtige Übernahme i.S. von § 99 Abs. 1 BetrVG, § 14 Abs. 3 S.1 AÜG. Der konkrete Einsatz im Entleiherbetrieb ist hingegen mitbestimmungspflichtig.

BAG vom 22.10.2003 - 7 ABR 3/03, DB 2004, 939
Leiharbeitnehmer sind keine Arbeitnehmer des Entleiherbetriebs. Sie sind daher bei der für die Anzahl der nach § 38 Abs. 1 BetrVG freizustellenden Betriebsratsmitglieder maßgeblichen Belegschaftsstärke nicht zu berücksichtigen.

BAG vom 03.06.2003 - 1 ABR 19/02, DB 2003, 2496
Die dem Betriebsrat nach § 89 Abs. 1 Satz 2 BetrVG obliegende Pflicht, die für den Arbeitsschutz zuständigen Behörden zu unterstützen, berechtigt ihn nicht stets und einschränkungslos, den Aufsichtsbehörden die vom Arbeitgeber elektronisch erfassten tatsächlich geleisteten Arbeitszeiten der Arbeitnehmer namensbezogen mitzuteilen. Aus Gründen des Datenschutzes muss er vielmehr im Einzelfall die Erforderlichkeit der Datenweitergabe prüfen und hierbei die Interessen der betroffenen Arbeitnehmer berücksichtigen.

BAG vom 16.04.2003 - 7 ABR 53/02, RdA 2004, 181
Leiharbeitnehmer sind keine Arbeitnehmer des Entleiherbetriebs i.S.v. § 9 BetrVG. Sie sind deshalb bei der für die Anzahl der zu wählenden Betriebsratsmitglieder maßgeblichen Belegschaftsstärke nicht zu berücksichtigen.

BAG vom 19.6.2001 - 1 ABR 43/00, NZA 2001, 1263
1. Ob bei Maßnahmen, die Leiharbeitnehmer betreffen, der Betriebsrat des Verleiherbetriebs oder derjenige des Entleiherbetriebs mitzubestimmen hat, richtet sich danach, ob der Vertragsarbeitgeber oder der Entleiher die mitbestimmungspflichtige Entscheidung trifft. 2. Die Entsendung von Leiharbeitnehmern in Betriebe, deren betriebsübliche Arbeitszeit die vom Leiharbeitnehmer vertraglich geschuldete Arbeitszeit übersteigt, ist nach § 87 Abs.1 Nr. 3 BetrVG mitbestimmungspflichtig, sofern die Entsendung für eine entsprechend verlängerte Arbeitszeit erfolgt. Das Mitbestimmungsrecht steht dem beim Verleiher gebildeten Betriebsrat zu.

BAG vom 15.12.1992 - 1 ABR 38/92, NZA 1993, 513
Dem Betriebsrat des Entleiherbetriebs steht das Mitbestimmungsrecht nach § 87 Abs. 1 Nr. 2 BetrVG auch für Leiharbeitnehmer zu.

BAG vom 05.05.1988 - 8 AZR 484/85, NZA 1989, 340
Ein Arbeitnehmer, der aufgrund eines sogenannten echten Leiharbeitsverhältnisses vorübergehend im Betrieb eines anderen Arbeitgebers tätig ist, kann, wenn er einem Dritten einen Schaden zufügt, Verrichtungsgehilfe des Verleihers i. S. § 831 Abs. 1 BGB sein. Dies setzt voraus, dass das widerrechtliche Verhalten des Arbeitnehmers in die Weisungszuständigkeit des Verleihers fällt.

BAG vom 14.05.1974 - 1 ABR 40/73, NJW 1974, 2023
Bei der Einstellung von Leiharbeitnehmern gemäß den Bestimmungen des Arbeitnehmerüberlassungsgesetzes ist der Betriebsrat. des Entleiherbetriebes gemäß § 99 BetrVG 1972 zu beteiligen.

9.5 Gesetzsauszüge

BGB

§ 241 Pflichten aus dem Schuldverhältnis

(1) Kraft des Schuldverhältnisses ist der Gläubiger berechtigt, von dem Schuldner eine Leistung zu fordern. Die Leistung kann auch in einem Unterlassen bestehen.

(2) Das Schuldverhältnis kann nach seinem Inhalt jeden Teil zur Rücksicht auf die Rechte, Rechtsgüter und Interessen des anderen Teils verpflichten.

§ 311 Rechtsgeschäftliche und rechtsgeschäftsähnliche Schuldverhältnisse

(1) Zur Begründung eines Schuldverhältnisses durch Rechtsgeschäft sowie zur Änderung des Inhalts eines Schuldverhältnisses ist ein Vertrag zwischen den Beteiligten erforderlich, soweit nicht das Gesetz ein anderes vorschreibt.

(2) Ein Schuldverhältnis mit Pflichten nach § 241 Abs. 2 entsteht auch durch

1. die Aufnahme von Vertragsverhandlungen,

2. die Anbahnung eines Vertrags, bei welcher der eine Teil im Hinblick auf eine etwaige rechtsgeschäftliche Beziehung dem anderen Teil die Möglichkeit zur Einwirkung auf seine Rechte, Rechtsgüter und Interessen gewährt oder ihm diese anvertraut, oder

3. ähnliche geschäftliche Kontakte.

(3) Ein Schuldverhältnis mit Pflichten nach § 241 Abs. 2 kann auch zu Personen entstehen, die nicht selbst Vertragspartei werden sollen. Ein solches Schuldverhältnis entsteht insbesondere, wenn der Dritte in besonderem Maße Vertrauen für sich in Anspruch nimmt und dadurch die Vertragsverhandlungen oder den Vertragsschluss erheblich beeinflusst.

§ 618 Pflicht zu Schutzmaßnahmen

(1) Der Dienstberechtigte hat Räume, Vorrichtungen oder Gerätschaften, die er zur Verrichtung der Dienste zu beschaffen hat, so einzurichten und zu unterhalten und Dienstleistungen, die unter seiner Anordnung oder seiner Leitung vorzunehmen sind, so zu regeln, dass der Verpflichtete gegen Gefahr für Leben und Gesundheit soweit geschützt ist, als die Natur der Dienstleistung es gestattet.

(2) Ist der Verpflichtete in die häusliche Gemeinschaft aufgenommen, so hat der Dienstberechtigte in Ansehung des Wohn- und Schlafraums, der Verpflegung sowie der Arbeits- und Erholungszeit diejenigen Einrichtungen und Anordnungen zu treffen, welche mit Rücksicht auf die Gesundheit, die Sittlichkeit und die Religion des Verpflichteten erforderlich sind.

(3) Erfüllt der Dienstberechtigte die ihm in Ansehung des Lebens und der Gesundheit des Verpflichteten obliegenden Verpflichtungen nicht, so finden auf seine Verpflichtung zum

Schadensersatz die für unerlaubte Handlungen geltenden Vorschriften der §§ 842 bis 846 entsprechende Anwendung.

§ 831 Haftung für den Verrichtungsgehilfen

(1) Wer einen anderen zu einer Verrichtung bestellt, ist zum Ersatz des Schadens verpflichtet, den der andere in Ausführung der Verrichtung einem Dritten widerrechtlich zufügt. Die Ersatzpflicht tritt nicht ein, wenn der Geschäftsherr bei der Auswahl der bestellten Person und, sofern er Vorrichtungen oder Gerätschaften zu beschaffen oder die Ausführung der Verrichtung zu leiten hat, bei der Beschaffung oder der Leitung die im Verkehr erforderliche Sorgfalt beobachtet oder wenn der Schaden auch bei Anwendung dieser Sorgfalt entstanden sein würde.

(2) Die gleiche Verantwortlichkeit trifft denjenigen, welcher für den Geschäftsherrn die Besorgung eines der im Absatz 1 Satz 2 bezeichneten Geschäfte durch Vertrag übernimmt.

HGB

§ 62 Fürsorgepflicht des Arbeitgebers

(1) Der Prinzipal ist verpflichtet, die Geschäftsräume und die für den Geschäftsbetrieb bestimmten Vorrichtungen und Gerätschaften so einzurichten und zu unterhalten, auch den Geschäftsbetrieb und die Arbeitszeit so zu regeln, dass der Handlungsgehilfe gegen eine Gefährdung seiner Gesundheit, soweit die Natur des Betriebs es gestattet, geschützt und die Aufrechterhaltung der guten Sitten und des Anstands gesichert ist.

(2) Ist der Handlungsgehilfe in die häusliche Gemeinschaft aufgenommen, so hat der Prinzipal in Ansehung des Wohn- und Schlafraums, der Verpflegung sowie der Arbeits- und Erholungszeit diejenigen Einrichtungen und Anordnungen zu treffen, welche mit Rücksicht auf die Gesundheit, die Sittlichkeit und die Religion des Handlungsgehilfen erforderlich sind.

(3) Erfüllt der Prinzipal die ihm in Ansehung des Lebens und der Gesundheit des Handlungsgehilfen obliegenden Verpflichtungen nicht, so finden auf seine Verpflichtung zum Schadensersatze die für unerlaubte Handlungen geltenden Vorschriften der §§ 842 bis 846 des Bürgerlichen Gesetzbuchs entsprechende Anwendung.

(4) Die dem Prinzipal hiernach obliegenden Verpflichtungen können nicht im voraus durch Vertrag aufgehoben oder beschränkt werden.

AÜG

§ 1 Erlaubnispflicht

(1) Arbeitgeber, die als Verleiher Dritten (Entleihern) Arbeitnehmer (Leiharbeitnehmer) gewerbsmäßig zur Arbeitsleistung überlassen wollen, bedürfen der Erlaubnis. Die Abordnung von Arbeitnehmern zu einer zur Herstellung eines Werkes gebildeten Arbeitsgemeinschaft ist keine Arbeitnehmerüberlassung, wenn der Arbeitgeber Mitglied der Arbeitsge-

meinschaft ist, für alle Mitglieder der Arbeitsgemeinschaft Tarifverträge desselben Wirtschaftszweiges gelten und alle Mitglieder auf Grund des Arbeitsgemeinschaftsvertrages zur selbständigen Erbringung von Vertragsleistungen verpflichtet sind. Für einen Arbeitgeber mit Geschäftssitz in einem anderen Mitgliedstaat des Europäischen Wirtschaftsraumes ist die Abordnung von Arbeitnehmern zu einer zur Herstellung eines Werkes gebildeten Arbeitsgemeinschaft auch dann keine Arbeitnehmerüberlassung, wenn für ihn deutsche Tarifverträge desselben Wirtschaftszweiges wie für die anderen Mitglieder der Arbeitsgemeinschaft nicht gelten, er aber die übrigen Voraussetzungen des Satzes 2 erfüllt.

(2) Werden Arbeitnehmer Dritten zur Arbeitsleistung überlassen und übernimmt der Überlassende nicht die üblichen Arbeitgeberpflichten oder das Arbeitgeberrisiko (§ 3 Abs. 1 Nr. 1 bis 3), so wird vermutet, dass der Überlassende Arbeitsvermittlung betreibt.

(3) Dieses Gesetz ist mit Ausnahme des § 1b Satz 1, des § 16 Abs. 1 Nr. 1b und Abs. 2 bis 5 sowie der §§ 17 und 18 nicht anzuwenden auf die Arbeitnehmerüberlassung

1. zwischen Arbeitgebern desselben Wirtschaftszweiges zur Vermeidung von Kurzarbeit oder Entlassungen, wenn ein für den Entleiher und Verleiher geltender Tarifvertrag dies vorsieht,
2. zwischen Konzernunternehmen im Sinne des § 18 des Aktiengesetzes, wenn der Arbeitnehmer seine Arbeit vorübergehend nicht bei seinem Arbeitgeber leistet, oder
3. in das Ausland, wenn der Leiharbeitnehmer in ein auf der Grundlage zwischenstaatlicher Vereinbarungen begründetes deutsch-ausländisches Gemeinschaftsunternehmen verliehen wird, an dem der Verleiher beteiligt ist.

§ 3 Versagung

(1) Die Erlaubnis oder ihre Verlängerung ist zu versagen, wenn Tatsachen die Annahme rechtfertigen, dass der Antragsteller

1\. die für die Ausübung der Tätigkeit nach § 1 erforderliche Zuverlässigkeit nicht besitzt, insbesondere weil er die Vorschriften des Sozialversicherungsrechts, über die Einbehaltung und Abführung der Lohnsteuer, über die Arbeitsvermittlung, über die Anwerbung im Ausland oder über die Ausländerbeschäftigung, die Vorschriften des Arbeitsschutzrechts oder die arbeitsrechtlichen Pflichten nicht einhält;

…

§ 11 Sonstige Vorschriften über das Leiharbeitsverhältnis

…

(6) Die Tätigkeit des Leiharbeitnehmers bei dem Entleiher unterliegt den für den Betrieb des Entleihers geltenden öffentlich-rechtlichen Vorschriften des Arbeitsschutzrechts; die hieraus sich ergebenden Pflichten für den Arbeitgeber obliegen dem Entleiher unbeschadet der Pflichten des Verleihers. Insbesondere hat der Entleiher den Leiharbeitnehmer vor Be-

ginn der Beschäftigung und bei Veränderungen in seinem Arbeitsbereich über Gefahren für Sicherheit und Gesundheit, denen er bei der Arbeit ausgesetzt sein kann, sowie über die Maßnahmen und Einrichtungen zur Abwendung dieser Gefahren zu unterrichten. Der Entleiher hat den Leiharbeitnehmer zusätzlich über die Notwendigkeit besonderer Qualifikationen oder beruflicher Fähigkeiten oder einer besonderen ärztlichen Überwachung sowie über erhöhte besondere Gefahren des Arbeitsplatzes zu unterrichten.

§ 14 Mitwirkungs- und Mitbestimmungsrechte

(1) Leiharbeitnehmer bleiben auch während der Zeit ihrer Arbeitsleistung bei einem Entleiher Angehörige des entsendenden Betriebs des Verleihers.

(2) Leiharbeitnehmer sind bei der Wahl der Arbeitnehmervertreter in den Aufsichtsrat im Entleiherunternehmen und bei der Wahl der betriebsverfassungsrechtlichen Arbeitnehmervertretungen im Entleiherbetrieb nicht wählbar. Sie sind berechtigt, die Sprechstunden dieser Arbeitnehmervertretungen aufzusuchen und an den Betriebs- und Jugendversammlungen im Entleiherbetrieb teilzunehmen. Die §§ 81, 82 Abs. 1 und die §§ 84 bis 86 des Betriebsverfassungsgesetzes gelten im Entleiherbetrieb auch in bezug auf die dort tätigen Leiharbeitnehmer.

(3) Vor der Übernahme eines Leiharbeitnehmers zur Arbeitsleistung ist der Betriebsrat des Entleiherbetriebs nach § 99 des Betriebsverfassungsgesetzes zu beteiligen. Dabei hat der Entleiher dem Betriebsrat auch die schriftliche Erklärung des Verleihers nach § 12 Abs. 1 Satz 2 vorzulegen. Er ist ferner verpflichtet, Mitteilungen des Verleihers nach § 12 Abs. 2 unverzüglich dem Betriebsrat bekanntzugeben.

(4) Die Absätze 1 und 2 Satz 1 und 2 sowie Absatz 3 gelten für die Anwendung des Bundespersonalvertretungsgesetzes sinngemäß.

ArbSchG

§ 2 Begriffsbestimmungen

(1) Maßnahmen des Arbeitsschutzes im Sinne dieses Gesetzes sind Maßnahmen zur Verhütung von Unfällen bei der Arbeit und arbeitsbedingten Gesundheitsgefahren einschließlich Maßnahmen der menschengerechten Gestaltung der Arbeit.

(2) Beschäftigte im Sinne dieses Gesetzes sind:

1. Arbeitnehmerinnen und Arbeitnehmer,

2. die zu ihrer Berufsbildung Beschäftigten,

3. arbeitnehmerähnliche Personen im Sinne des § 5 Abs. 1 des Arbeitsgerichtsgesetzes, ausgenommen die in Heimarbeit Beschäftigten und die ihnen Gleichgestellten,

4. Beamtinnen und Beamte,

5. Richterinnen und Richter,

6. Soldatinnen und Soldaten,

7. die in Werkstätten für Behinderte Beschäftigten.

(3) Arbeitgeber im Sinne dieses Gesetzes sind natürliche und juristische Personen und rechtsfähige Personengesellschaften, die Personen nach Absatz 2 beschäftigen.

(4) Sonstige Rechtsvorschriften im Sinne dieses Gesetzes sind Regelungen über Maßnahmen des Arbeitsschutzes in anderen Gesetzen, in Rechtsverordnungen und Unfallverhütungsvorschriften.

(5) Als Betriebe im Sinne dieses Gesetzes gelten für den Bereich des öffentlichen Dienstes die Dienststellen. Dienststellen sind die einzelnen Behörden, Verwaltungsstellen und Betriebe der Verwaltungen des Bundes, der Länder, der Gemeinden und der sonstigen Körperschaften, Anstalten und Stiftungen des öffentlichen Rechts, die Gerichte des Bundes und der Länder sowie die entsprechenden Einrichtungen der Streitkräfte.

§ 5 Beurteilung der Arbeitsbedingungen

(1) Der Arbeitgeber hat durch eine Beurteilung der für die Beschäftigten mit ihrer Arbeit verbundenen Gefährdung zu ermitteln, welche Maßnahmen des Arbeitsschutzes erforderlich sind.

(2) Der Arbeitgeber hat die Beurteilung je nach Art der Tätigkeiten vorzunehmen. Bei gleichartigen Arbeitsbedingungen ist die Beurteilung eines Arbeitsplatzes oder einer Tätigkeit ausreichend.

(3) Eine Gefährdung kann sich insbesondere ergeben durch

1. die Gestaltung und die Einrichtung der Arbeitsstätte und des Arbeitsplatzes,

2. physikalische, chemische und biologische Einwirkungen,

3.die Gestaltung, die Auswahl und den Einsatz von Arbeitsmitteln, insbesondere von Arbeitsstoffen, Maschinen, Geräten und Anlagen sowie den Umgang damit,

4. die Gestaltung von Arbeits- und Fertigungsverfahren, Arbeitsabläufen und Arbeitszeit und deren Zusammenwirken,

5. unzureichende Qualifikation und Unterweisung der Beschäftigten.

§ 6 Dokumentation

(1) Der Arbeitgeber muss über die je nach Art der Tätigkeiten und der Zahl der Beschäftigten erforderlichen Unterlagen verfügen, aus denen das Ergebnis der Gefährdungsbeurteilung, die von ihm festgelegten Maßnahmen des Arbeitsschutzes und das Ergebnis ihrer Überprüfung ersichtlich sind. Bei gleichartiger Gefährdungssituation ist es ausreichend, wenn die Unterlagen zusammengefasste Angaben enthalten. Soweit in sonstigen Rechtsvorschriften nichts anderes bestimmt ist, gilt Satz 1 nicht für Arbeitgeber mit zehn oder weniger Beschäftigten; die zuständige Behörde kann, wenn besondere Gefährdungssitua-

tionen gegeben sind, anordnen, dass Unterlagen verfügbar sein müssen. Bei der Feststellung der Zahl der Beschäftigten nach Satz 3 sind Teilzeitbeschäftigte mit einer regelmäßigen wöchentlichen Arbeitszeit von nicht mehr als 20 Stunden mit 0,5 und nicht mehr als 30 Stunden mit 0,75 zu berücksichtigen.

(2) Unfälle in seinem Betrieb, bei denen ein Beschäftigter getötet oder so verletzt wird, dass er stirbt oder für mehr als drei Tage völlig oder teilweise arbeits- oder dienstunfähig wird, hat der Arbeitgeber zu erfassen.

§ 7 Übertragung von Aufgaben

Bei der Übertragung von Aufgaben auf Beschäftigte hat der Arbeitgeber je nach Art der Tätigkeiten zu berücksichtigen, ob die Beschäftigten befähigt sind, die für die Sicherheit und den Gesundheitsschutz bei der Aufgabenerfüllung zu beachtenden Bestimmungen und Maßnahmen einzuhalten.

§ 8 Zusammenarbeit mehrerer Arbeitgeber

(1) Werden Beschäftigte mehrerer Arbeitgeber an einem Arbeitsplatz tätig, sind die Arbeitgeber verpflichtet, bei der Durchführung der Sicherheits- und Gesundheitsschutzbestimmungen zusammenzuarbeiten. Soweit dies für die Sicherheit und den Gesundheitsschutz der Beschäftigten bei der Arbeit erforderlich ist, haben die Arbeitgeber je nach Art der Tätigkeiten insbesondere sich gegenseitig und ihre Beschäftigten über die mit den Arbeiten verbundenen Gefahren für Sicherheit und Gesundheit der Beschäftigten zu unterrichten und Maßnahmen zur Verhütung dieser Gefahren abzustimmen.

(2) Der Arbeitgeber muss sich je nach Art der Tätigkeit vergewissern, dass die Beschäftigten anderer Arbeitgeber, die in seinem Betrieb tätig werden, hinsichtlich der Gefahren für ihre Sicherheit und Gesundheit während ihrer Tätigkeit in seinem Betrieb angemessene Anweisungen erhalten haben.

§ 9 Besondere Gefahren

(1) Der Arbeitgeber hat Maßnahmen zu treffen, damit nur Beschäftigte Zugang zu besonders gefährlichen Arbeitsbereichen haben, die zuvor geeignete Anweisungen erhalten haben.

(2) Der Arbeitgeber hat Vorkehrungen zu treffen, dass alle Beschäftigten, die einer unmittelbaren erheblichen Gefahr ausgesetzt sind oder sein können, möglichst frühzeitig über diese Gefahr und die getroffenen oder zu treffenden Schutzmaßnahmen unterrichtet sind. Bei unmittelbarer erheblicher Gefahr für die eigene Sicherheit oder die Sicherheit anderer Personen müssen die Beschäftigten die geeigneten Maßnahmen zur Gefahrenabwehr und Schadensbegrenzung selbst treffen können, wenn der zuständige Vorgesetzte nicht erreichbar ist; dabei sind die Kenntnisse der Beschäftigten und die vorhandenen technischen Mittel zu berücksichtigen. Den Beschäftigten dürfen aus ihrem Handeln keine Nachteile entstehen, es sei denn, sie haben vorsätzlich oder grob fahrlässig ungeeignete Maßnahmen getroffen.

(3) Der Arbeitgeber hat Maßnahmen zu treffen, die es den Beschäftigten bei unmittelbarer erheblicher Gefahr ermöglichen, sich durch sofortiges Verlassen der Arbeitsplätze in Sicherheit zu bringen. Den Beschäftigten dürfen hierdurch keine Nachteile entstehen. Hält die unmittelbare erhebliche Gefahr an, darf der Arbeitgeber die Beschäftigten nur in besonders begründeten Ausnahmefällen auffordern, ihre Tätigkeit wieder aufzunehmen. Gesetzliche Pflichten der Beschäftigten zur Abwehr von Gefahren für die öffentliche Sicherheit sowie die §§ 7 und 11 des Soldatengesetzes bleiben unberührt.

§ 10 Erste Hilfe und sonstige Notfallmaßnahmen

(1) Der Arbeitgeber hat entsprechend der Art der Arbeitsstätte und der Tätigkeiten sowie der Zahl der Beschäftigten die Maßnahmen zu treffen, die zur Ersten Hilfe, Brandbekämpfung und Evakuierung der Beschäftigten erforderlich sind. Dabei hat er der Anwesenheit anderer Personen Rechnung zu tragen. Er hat auch dafür zu sorgen, dass im Notfall die erforderlichen Verbindungen zu außerbetrieblichen Stellen, insbesondere in den Bereichen der Ersten Hilfe, der medizinischen Notversorgung, der Bergung und der Brandbekämpfung eingerichtet sind.

(2) Der Arbeitgeber hat diejenigen Beschäftigten zu benennen, die Aufgaben der Ersten Hilfe, Brandbekämpfung und Evakuierung der Beschäftigten übernehmen. Anzahl, Ausbildung und Ausrüstung der nach Satz 1 benannten Beschäftigten müssen in einem angemessenen Verhältnis zur Zahl der Beschäftigten und zu den bestehenden besonderen Gefahren stehen. Vor der Benennung hat der Arbeitgeber den Betriebs- oder Personalrat zu hören. Weitergehende Beteiligungsrechte bleiben unberührt. Der Arbeitgeber kann die in Satz 1 genannten Aufgaben auch selbst wahrnehmen, wenn er über die nach Satz 2 erforderliche Ausbildung und Ausrüstung verfügt.

§ 11 Arbeitsmedizinische Vorsorge

Der Arbeitgeber hat den Beschäftigten auf ihren Wunsch unbeschadet der Pflichten aus anderen Rechtsvorschriften zu ermöglichen, sich je nach den Gefahren für ihre Sicherheit und Gesundheit bei der Arbeit regelmäßig arbeitsmedizinisch untersuchen zu lassen, es sei denn, auf Grund der Beurteilung der Arbeitsbedingungen und der getroffenen Schutzmaßnahmen ist nicht mit einem Gesundheitsschaden zu rechnen.

§ 12 Unterweisung

(1) Der Arbeitgeber hat die Beschäftigten über Sicherheit und Gesundheitsschutz bei der Arbeit während ihrer Arbeitszeit ausreichend und angemessen zu unterweisen. Die Unterweisung umfasst Anweisungen und Erläuterungen, die eigens auf den Arbeitsplatz oder den Aufgabenbereich der Beschäftigten ausgerichtet sind. Die Unterweisung muss bei der Einstellung, bei Veränderungen im Aufgabenbereich, der Einführung neuer Arbeitsmittel oder einer neuen Technologie vor Aufnahme der Tätigkeit der Beschäftigten erfolgen. Die Unterweisung muss an die Gefährdungsentwicklung angepasst sein und erforderlichenfalls regelmäßig wiederholt werden.

(2) Bei einer Arbeitnehmerüberlassung trifft die Pflicht zur Unterweisung nach Absatz 1 den Entleiher. Er hat die Unterweisung unter Berücksichtigung der Qualifikation und der Erfahrung der Personen, die ihm zur Arbeitsleistung überlassen werden, vorzunehmen. Die sonstigen Arbeitsschutzpflichten des Verleihers bleiben unberührt.

§ 13 Verantwortliche Personen

(1) Verantwortlich für die Erfüllung der sich aus diesem Abschnitt ergebenden Pflichten sind neben dem Arbeitgeber

1. sein gesetzlicher Vertreter,
2. das vertretungsberechtigte Organ einer juristischen Person,
3. der vertretungsberechtigte Gesellschafter einer Personenhandelsgesellschaft,
4. Personen, die mit der Leitung eines Unternehmens oder eines Betriebes beauftragt sind, im Rahmen der ihnen übertragenen Aufgaben und Befugnisse,
5. sonstige nach Absatz 2 oder nach einer auf Grund dieses Gesetzes erlassenen Rechtsverordnung oder nach einer Unfallverhütungsvorschrift beauftragte Personen im Rahmen ihrer Aufgaben und Befugnisse.

(2) Der Arbeitgeber kann zuverlässige und fachkundige Personen schriftlich damit beauftragen, ihm obliegende Aufgaben nach diesem Gesetz in eigener Verantwortung wahrzunehmen.

ASiG

§ 2 Bestellung von Betriebsärzten

(1) Der Arbeitgeber hat Betriebsärzte schriftlich zu bestellen und ihnen die in § 3 genannten Aufgaben zu übertragen, soweit dies erforderlich ist im Hinblick auf

1. die Betriebsart und die damit für die Arbeitnehmer verbundenen Unfall- und Gesundheitsgefahren,

2. die Zahl der beschäftigten Arbeitnehmer und die Zusammensetzung der Arbeitnehmerschaft und

3. die Betriebsorganisation, insbesondere im Hinblick auf die Zahl und die Art der für den Arbeitsschutz und die Unfallverhütung verantwortlichen Personen.

(2) Der Arbeitgeber hat dafür zu sorgen, dass die von ihm bestellten Betriebsärzte ihre Aufgaben erfüllen. Er hat sie bei der Erfüllung ihrer Aufgaben zu unterstützen; insbesondere ist er verpflichtet, ihnen, soweit dies zur Erfüllung ihrer Aufgaben erforderlich ist, Hilfspersonal sowie Räume, Einrichtungen, Geräte und Mittel zur Verfügung zu stellen. Er hat sie über den Einsatz von Personen zu unterrichten, die mit einem befristeten Arbeitsvertrag beschäftigt oder ihm zur Arbeitsleistung überlassen sind.

(3) Der Arbeitgeber hat den Betriebsärzten die zur Erfüllung ihrer Aufgaben erforderliche Fortbildung unter Berücksichtigung der betrieblichen Belange zu ermöglichen. Ist der Betriebsarzt als Arbeitnehmer eingestellt, so ist er für die Zeit der Fortbildung unter Fortentrichtung der Arbeitsvergütung von der Arbeit freizustellen. Die Kosten der Fortbildung trägt der Arbeitgeber. 4Ist der Betriebsarzt nicht als Arbeitnehmer eingestellt, so ist er für die Zeit der Fortbildung von der Erfüllung der ihm übertragenen Aufgaben freizustellen.

§ 3 Aufgaben der Betriebsärzte

(1) Die Betriebsärzte haben die Aufgabe, den Arbeitgeber beim Arbeitsschutz und bei der Unfallverhütung in allen Fragen des Gesundheitsschutzes zu unterstützen. Sie haben insbesondere

1. den Arbeitgeber und die sonst für den Arbeitsschutz und die Unfallverhütung verantwortlichen Personen zu beraten, insbesondere bei

a) der Planung, Ausführung und Unterhaltung von Betriebsanlagen und von sozialen und sanitären Einrichtungen,

b) der Beschaffung von technischen Arbeitsmitteln und der Einführung von Arbeitsverfahren und Arbeitsstoffen,

c) der Auswahl und Erprobung von Körperschutzmitteln,

d) arbeitsphysiologischen, arbeitspsychologischen und sonstigen ergonomischen sowie arbeitshygienischen Fragen, insbesondere des Arbeitsrhythmus, der Arbeitszeit und der Pausenregelung, der Gestaltung der Arbeitsplätze, des Arbeitsablaufs und der Arbeitsumgebung,

e) der Organisation der "Ersten Hilfe" im Betrieb,

f) Fragen des Arbeitsplatzwechsels sowie der Eingliederung und Wiedereingliederung Behinderter in den Arbeitsprozess,

g) der Beurteilung der Arbeitsbedingungen,

2. die Arbeitnehmer zu untersuchen, arbeitsmedizinisch zu beurteilen und zu beraten sowie die Untersuchungsergebnisse zu erfassen und auszuwerten,

3. die Durchführung des Arbeitsschutzes und der Unfallverhütung zu beobachten und im Zusammenhang damit

a) die Arbeitsstätten in regelmäßigen Abständen zu begehen und festgestellte Mängel dem Arbeitgeber oder der sonst für den Arbeitsschutz und die Unfallverhütung verantwortlichen Person mitzuteilen, Maßnahmen zur Beseitigung dieser Mängel vorzuschlagen und auf deren Durchführung hinzuwirken,

b) auf die Benutzung der Körperschutzmittel zu achten,

c) Ursachen von arbeitsbedingten Erkrankungen zu untersuchen, die Untersuchungsergebnisse zu erfassen und auszuwerten und dem Arbeitgeber Maßnahmen zur Verhütung dieser Erkrankungen vorzuschlagen,

4. darauf hinzuwirken, dass sich alle im Betrieb Beschäftigten den Anforderungen des Arbeitsschutzes und der Unfallverhütung entsprechend verhalten, insbesondere sie über die Unfall- und Gesundheitsgefahren, denen sie bei der Arbeit ausgesetzt sind, sowie über die Einrichtungen und Maßnahmen zur Abwendung dieser Gefahren zu belehren und bei der Einsatzplanung und Schulung der Helfer in "Erster Hilfe" und des medizinischen Hilfspersonals mitzuwirken.

(2) Die Betriebsärzte haben auf Wunsch des Arbeitnehmers diesem das Ergebnis arbeitsmedizinischer Untersuchungen mitzuteilen; § 8 Abs. 1 Satz 3 bleibt unberührt.

(3) Zu den Aufgaben der Betriebsärzte gehört es nicht, Krankmeldungen der Arbeitnehmer auf ihre Berechtigung zu überprüfen.

§ 5 Bestellung von Fachkräften für Arbeitssicherheit

(1) Der Arbeitgeber hat Fachkräfte für Arbeitssicherheit (Sicherheitsingenieure, -techniker, -meister) schriftlich zu bestellen und ihnen die in § 6 genannten Aufgaben zu übertragen, soweit dies erforderlich ist im Hinblick auf

1. die Betriebsart und die damit für die Arbeitnehmer verbundenen Unfall- und Gesundheitsgefahren,

2. die Zahl der beschäftigten Arbeitnehmer und die Zusammensetzung der Arbeitnehmerschaft,

3. die Betriebsorganisation, insbesondere im Hinblick auf die Zahl und Art der für den Arbeitsschutz und die Unfallverhütung verantwortlichen Personen,

4. die Kenntnisse und die Schulung des Arbeitgebers oder der nach § 13 Abs. 1 Nr. 1, 2 oder 3 des Arbeitsschutzgesetzes verantwortlichen Personen in Fragen des Arbeitsschutzes.

(2) Der Arbeitgeber hat dafür zu sorgen, dass die von ihm bestellten Fachkräfte für Arbeitssicherheit ihre Aufgaben erfüllen. Er hat sie bei der Erfüllung ihrer Aufgaben zu unterstützen; insbesondere ist er verpflichtet, ihnen, soweit dies zur Erfüllung ihrer Aufgaben erforderlich ist, Hilfspersonal sowie Räume, Einrichtungen, Geräte und Mittel zur Verfügung zu stellen. Er hat sie über den Einsatz von Personen zu unterrichten, die mit einem befristeten Arbeitsvertrag beschäftigt oder ihm zur Arbeitsleistung überlassen sind.

(3) Der Arbeitgeber hat den Fachkräften für Arbeitssicherheit die zur Erfüllung ihrer Aufgaben erforderliche Fortbildung unter Berücksichtigung der betrieblichen Belange zu ermöglichen. Ist die Fachkraft für Arbeitssicherheit als Arbeitnehmer eingestellt, so ist sie für die Zeit der Fortbildung unter Fortentrichtung der Arbeitsvergütung von der Arbeit freizustellen. Die Kosten der Fortbildung trägt der Arbeitgeber. Ist die Fachkraft für Arbeitssi-

cherheit nicht als Arbeitnehmer eingestellt, so ist sie für die Zeit der Fortbildung von der Erfüllung der ihr übertragenen Aufgaben freizustellen.

§ 6 Aufgaben der Fachkräfte für Arbeitssicherheit

Die Fachkräfte für Arbeitssicherheit haben die Aufgabe, den Arbeitgeber beim Arbeitsschutz und bei der Unfallverhütung in allen Fragen der Arbeitssicherheit einschließlich der menschengerechten Gestaltung der Arbeit zu unterstützen. Sie haben insbesondere

1. den Arbeitgeber und die sonst für den Arbeitsschutz und die Unfallverhütung verantwortlichen Personen zu beraten, insbesondere bei

a) der Planung, Ausführung und Unterhaltung von Betriebsanlagen und von sozialen und sanitären Einrichtungen,

b) der Beschaffung von technischen Arbeitsmitteln und der Einführung von Arbeitsverfahren und Arbeitsstoffen,

c) der Auswahl und Erprobung von Körperschutzmitteln,

d) der Gestaltung der Arbeitsplätze, des Arbeitsablaufs, der Arbeitsumgebung und in sonstigen Fragen der Ergonomie,

e) der Beurteilung der Arbeitsbedingungen,

2. die Betriebsanlagen und die technischen Arbeitsmittel insbesondere vor der Inbetriebnahme und Arbeitsverfahren insbesondere vor ihrer Einführung sicherheitstechnisch zu überprüfen,

3. die Durchführung des Arbeitsschutzes und der Unfallverhütung zu beobachten und im Zusammenhang damit

a) die Arbeitsstätten in regelmäßigen Abständen zu begehen und festgestellte Mängel dem Arbeitgeber oder der sonst für den Arbeitsschutz und die Unfallverhütung verantwortlichen Person mitzuteilen, Maßnahmen zur Beseitigung dieser Mängel vorzuschlagen und auf deren Durchführung hinzuwirken,

b) auf die Benutzung der Körperschutzmittel zu achten,

c) Ursachen von Arbeitsunfällen zu untersuchen, die Untersuchungsergebnisse zu erfassen und auszuwerten und dem Arbeitgeber Maßnahmen zur Verhütung dieser Arbeitsunfälle vorzuschlagen,

4. darauf hinzuwirken, dass sich alle im Betrieb Beschäftigten den Anforderungen des Arbeitsschutzes und der Unfallverhütung entsprechend verhalten, insbesondere sie über die Unfall- und Gesundheitsgefahren, denen sie bei der Arbeit ausgesetzt sind, sowie über die Einrichtungen und Maßnahmen zur Abwendung dieser Gefahren zu belehren und bei der Schulung der Sicherheitsbeauftragten mitzuwirken.

SGB VII

§ 16 Geltung bei Zuständigkeit anderer Unfallversicherungsträger und für ausländische Unternehmen

(1) Die Unfallverhütungsvorschriften eines Unfallversicherungsträgers gelten auch, soweit in dem oder für das Unternehmen Versicherte tätig werden, für die ein anderer Unfallversicherungsträger zuständig ist.

(2) Die Unfallverhütungsvorschriften eines Unfallversicherungsträgers gelten auch für Unternehmer und Beschäftigte von ausländischen Unternehmen, die eine Tätigkeit im Inland ausüben, ohne einem Unfallversicherungsträger anzugehören.

§ 22 Sicherheitsbeauftragte

(1) In Unternehmen mit regelmäßig mehr als 20 Beschäftigten hat der Unternehmer unter Beteiligung des Betriebsrates oder Personalrates Sicherheitsbeauftragte unter Berücksichtigung der im Unternehmen für die Beschäftigten bestehenden Unfall- und Gesundheitsgefahren und der Zahl der Beschäftigten zu bestellen. Als Beschäftigte gelten auch die nach § 2 Abs. 1 Nr. 2, 8 und 12 Versicherten. In Unternehmen mit besonderen Gefahren für Leben und Gesundheit kann der Unfallversicherungsträger anordnen, dass Sicherheitsbeauftragte auch dann zu bestellen sind, wenn die Mindestbeschäftigtenzahl nach Satz 1 nicht erreicht wird. 4Für Unternehmen mit geringen Gefahren für Leben und Gesundheit kann der Unfallversicherungsträger die Zahl 20 in seiner Unfallverhütungsvorschrift erhöhen.

(2) Die Sicherheitsbeauftragten haben den Unternehmer bei der Durchführung der Maßnahmen zur Verhütung von Arbeitsunfällen und Berufskrankheiten zu unterstützen, insbesondere sich von dem Vorhandensein und der ordnungsgemäßen Benutzung der vorgeschriebenen Schutzeinrichtungen und persönlichen Schutzausrüstungen zu überzeugen und auf Unfall- und Gesundheitsgefahren für die Versicherten aufmerksam zu machen.

(3) Die Sicherheitsbeauftragten dürfen wegen der Erfüllung der ihnen übertragenen Aufgaben nicht benachteiligt werden.

§ 193 Pflicht zur Anzeige eines Versicherungsfalls durch die Unternehmer

(1) Die Unternehmer haben Unfälle von Versicherten in ihren Unternehmen dem Unfallversicherungsträger anzuzeigen, wenn Versicherte getötet oder so verletzt sind, dass sie mehr als drei Tage arbeitsunfähig werden. Satz 1 gilt entsprechend für Unfälle von Versicherten, deren Versicherung weder eine Beschäftigung noch eine selbständige Tätigkeit voraussetzt.

(2) Haben Unternehmer im Einzelfall Anhaltspunkte, dass bei Versicherten ihrer Unternehmen eine Berufskrankheit vorliegen könnte, haben sie diese dem Unfallversicherungsträger anzuzeigen.

(3) Bei Unfällen der nach § 2 Abs. 1 Nr. 8 Buchstabe b Versicherten hat der Schulhoheitsträger die Unfälle auch dann anzuzeigen, wenn er nicht Unternehmer ist. Bei Unfällen der nach § 2 Abs. 1 Nr. 15 Buchstabe a Versicherten hat der Träger der Einrichtung, in der die

stationäre oder teilstationäre Behandlung oder die stationären Leistungen zur medizinischen Rehabilitation erbracht werden, die Unfälle anzuzeigen.

(4) Die Anzeige ist binnen drei Tagen zu erstatten, nachdem die Unternehmer von dem Unfall oder von den Anhaltspunkten für eine Berufskrankheit Kenntnis erlangt haben. Der Versicherte kann vom Unternehmer verlangen, dass ihm eine Kopie der Anzeige überlassen wird.

(5) Die Anzeige ist vom Betriebs- oder Personalrat mit zu unterzeichnen. Der Unternehmer hat die Sicherheitsfachkraft und den Betriebsarzt über jede Unfall- oder Berufskrankheitenanzeige in Kenntnis zu setzen. Verlangt der Unfallversicherungsträger zur Feststellung, ob eine Berufskrankheit vorliegt, Auskünfte über gefährdende Tätigkeiten von Versicherten, haben die Unternehmer den Betriebs- oder Personalrat über dieses Auskunftsersuchen unverzüglich zu unterrichten.

(6) (weggefallen)

(7) Bei Unfällen in Unternehmen, die der allgemeinen Arbeitsschutzaufsicht unterstehen, hat der Unternehmer eine Durchschrift der Anzeige der für den Arbeitsschutz zuständigen Landesbehörde zu übersenden. Bei Unfällen in Unternehmen, die der bergbehördlichen Aufsicht unterstehen, ist die Durchschrift an die zuständige untere Bergbehörde zu übersenden. Wird eine Berufskrankheit angezeigt, übersendet der Unfallversicherungsträger eine Durchschrift der Anzeige unverzüglich der für den medizinischen Arbeitsschutz zuständigen Landesbehörde. Wird der für den medizinischen Arbeitsschutz zuständigen Landesbehörde eine Berufskrankheit angezeigt, übersendet sie dem Unfallversicherungsträger unverzüglich eine Durchschrift der Anzeige.

(8) Das Bundesministerium für Arbeit und Soziales bestimmt durch Rechtsverordnung mit Zustimmung des Bundesrates den für Aufgaben der Prävention und der Einleitung eines Feststellungsverfahrens erforderlichen Inhalt der Anzeige, ihre Form und die Art und Weise ihrer Übermittlung sowie die Empfänger, die Anzahl und den Inhalt der Durchschriften.

(9) Unfälle nach Absatz 1, die während der Fahrt auf einem Seeschiff eingetreten sind, sind ferner in das Schiffstagebuch einzutragen und dort oder in einem Anhang kurz darzustellen. Ist ein Schiffstagebuch nicht zu führen, haben die Schiffsführer Unfälle nach Satz 1 in einer besonderen Niederschrift nachzuweisen.

BetrVG

§ 80 Allgemeine Aufgaben

(1) Der Betriebsrat hat folgende allgemeine Aufgaben:

1. darüber zu wachen, dass die zugunsten der Arbeitnehmer geltenden Gesetze, Verordnungen, Unfallverhütungsvorschriften, Tarifverträge und Betriebsvereinbarungen durchgeführt werden;

…

9. Maßnahmen des Arbeitsschutzes und des betrieblichen Umweltschutzes zu fördern.

(2) Zur Durchführung seiner Aufgaben nach diesem Gesetz ist der Betriebsrat rechtzeitig und umfassend vom Arbeitgeber zu unterrichten; die Unterrichtung erstreckt sich auch auf die Beschäftigung von Personen, die nicht in einem Arbeitsverhältnis zum Arbeitgeber stehen. Dem Betriebsrat sind auf Verlangen jederzeit die zur Durchführung seiner Aufgaben erforderlichen Unterlagen zur Verfügung zu stellen; in diesem Rahmen ist der Betriebsausschuss oder ein nach § 28 gebildeter Ausschuss berechtigt, in die Listen über die Bruttolöhne und -gehälter Einblick zu nehmen. Soweit es zur ordnungsgemäßen Erfüllung der Aufgaben des Betriebsrats erforderlich ist, hat der Arbeitgeber ihm sachkundige Arbeitnehmer als Auskunftspersonen zur Verfügung zu stellen; er hat hierbei die Vorschläge des Betriebsrats zu berücksichtigen, soweit betriebliche Notwendigkeiten nicht entgegenstehen.

…

§ 87 Mitbestimmungsrechte

(1) Der Betriebsrat hat, soweit eine gesetzliche oder tarifliche Regelung nicht besteht, in folgenden Angelegenheiten mitzubestimmen:

…

7. Regelungen über die Verhütung von Arbeitsunfällen und Berufskrankheiten sowie über den Gesundheitsschutz im Rahmen der gesetzlichen Vorschriften oder der Unfallverhütungsvorschriften;

…

§ 89 Arbeits- und betrieblicher Umweltschutz

(1) Der Betriebsrat hat sich dafür einzusetzen, dass die Vorschriften über den Arbeitsschutz und die Unfallverhütung im Betrieb sowie über den betrieblichen Umweltschutz durchgeführt werden. Er hat bei der Bekämpfung von Unfall- und Gesundheitsgefahren die für den Arbeitsschutz zuständigen Behörden, die Träger der gesetzlichen Unfallversicherung und die sonstigen in Betracht kommenden Stellen durch Anregung, Beratung und Auskunft zu unterstützen.

(2) Der Arbeitgeber und die in Absatz 1 Satz 2 genannten Stellen sind verpflichtet, den Betriebsrat oder die von ihm bestimmten Mitglieder des Betriebsrats bei allen im Zusammenhang mit dem Arbeitsschutz oder der Unfallverhütung stehenden Besichtigungen und Fragen und bei Unfalluntersuchungen hinzuzuziehen. Der Arbeitgeber hat dem Betriebsrat auch bei allen im Zusammenhang mit dem betrieblichen Umweltschutz stehenden Besichtigungen und Fragen hinzuzuziehen und ihm unverzüglich die den Arbeitsschutz, die Unfallverhütung und den betrieblichen Umweltschutz betreffenden Auflagen und Anordnungen der zuständigen Stellen mitzuteilen.

(3) Als betrieblicher Umweltschutz im Sinne dieses Gesetzes sind alle personellen und organisatorischen Maßnahmen sowie alle die betrieblichen Bauten, Räume, technische Anlagen, Arbeitsverfahren, Arbeitsabläufe und Arbeitsplätze betreffenden Maßnahmen zu verstehen, die dem Umweltschutz dienen.

(4) An Besprechungen des Arbeitgebers mit den Sicherheitsbeauftragten im Rahmen des § 22 Abs. 2 des Siebten Buches Sozialgesetzbuch nehmen vom Betriebsrat beauftragte Betriebsratsmitglieder teil.

(5) Der Betriebsrat erhält vom Arbeitgeber die Niederschriften über Untersuchungen, Besichtigungen und Besprechungen, zu denen er nach den Absätzen 2 und 4 hinzuzuziehen ist.

(6) Der Arbeitgeber hat dem Betriebsrat eine Durchschrift der nach § 193 Abs. 5 des Siebten Buches Sozialgesetzbuch vom Betriebsrat zu unterschreibenden Unfallanzeige auszuhändigen.

§ 90 Unterrichtungs- und Beratungsrechte

Der Arbeitgeber hat den Betriebsrat über die Planung

1. von Neu-, Um- und Erweiterungsbauten von Fabrikations-, Verwaltungs- und sonstigen betrieblichen Räumen,

2. von technischen Anlagen,

3. von Arbeitsverfahren und Arbeitsabläufen oder

4. der Arbeitsplätze

rechtzeitig unter Vorlage der erforderlichen Unterlagen zu unterrichten.

(2) Der Arbeitgeber hat mit dem Betriebsrat die vorgesehenen Maßnahmen und ihre Auswirkungen auf die Arbeitnehmer, insbesondere auf die Art ihrer Arbeit sowie die sich daraus ergebenden Anforderungen an die Arbeitnehmer so rechtzeitig zu beraten, dass Vorschläge und Bedenken des Betriebsrats bei der Planung berücksichtigt werden können. Arbeitgeber und Betriebsrat sollen dabei auch die gesicherten arbeitswissenschaftlichen Erkenntnisse über die menschengerechte Gestaltung der Arbeit berücksichtigen.

§ 91 Mitbestimmungsrecht

Werden die Arbeitnehmer durch Änderungen der Arbeitsplätze, des Arbeitsablaufs oder der Arbeitsumgebung, die den gesicherten arbeitswissenschaftlichen Erkenntnissen über die menschengerechte Gestaltung der Arbeit offensichtlich widersprechen, in besonderer Weise belastet, so kann der Betriebsrat angemessene Maßnahmen zur Abwendung, Milderung oder zum Ausgleich der Belastung verlangen. Kommt eine Einigung nicht zustande, so entscheidet die Einigungsstelle. Der Spruch der Einigungsstelle ersetzt die Einigung zwischen Arbeitgeber und Betriebsrat.

Verordnung über Sicherheit und Gesundheitsschutz bei der Benutzung persönlicher Schutzausrüstungen bei der Arbeit (PSA-Benutzungsverordnung - PSA-BV)

§ 1 Anwendungsbereich

(1) Diese Verordnung gilt für die Bereitstellung persönlicher Schutzausrüstungen durch Arbeitgeber sowie für die Benutzung persönlicher Schutzausrüstungen durch Beschäftigte bei der Arbeit.

(2) Persönliche Schutzausrüstung im Sinne dieser Verordnung ist jede Ausrüstung, die dazu bestimmt ist, von den Beschäftigten benutzt oder getragen zu werden, um sich gegen eine Gefährdung für ihre Sicherheit und Gesundheit zu schützen, sowie jede mit demselben Ziel verwendete und mit der persönlichen Schutzausrüstung verbundene Zusatzausrüstung.

(3) Als persönliche Schutzausrüstungen im Sinne des Absatzes 2 gelten nicht:

1. Arbeitskleidung und Uniformen, die nicht speziell der Sicherheit und dem Gesundheitsschutz der Beschäftigten dienen,
2. Ausrüstungen für Not- und Rettungsdienste,
3. persönliche Schutzausrüstungen für die Bundeswehr, den Zivil- und Katastrophenschutz, die Polizeien des Bundes und der Länder sowie sonstige Einrichtungen, die der öffentlichen Sicherheit oder der öffentlichen Ordnung dienen,
4. persönliche Schutzausrüstungen für den Straßenverkehr, soweit sie verkehrsrechtlichen Vorschriften unterliegen,
5. Sportausrüstungen,
6. Selbstverteidigungs- und Abschreckungsmittel,
7. tragbare Geräte zur Feststellung und Signalisierung von Gefahren und Gefahrstoffen.

(4) Die Verordnung gilt nicht in Betrieben, die dem Bundesberggesetz unterliegen.

§ 2 Bereitstellung und Benutzung

(1) Unbeschadet seiner Pflichten nach den §§ 3, 4 und 5 des Arbeitsschutzgesetzes darf der Arbeitgeber nur persönliche Schutzausrüstungen auswählen und den Beschäftigten bereitstellen, die

1. den Anforderungen der Verordnung über das Inverkehrbringen von persönlichen Schutzausrüstungen entsprechen,
2. Schutz gegenüber der zu verhütenden Gefährdung bieten, ohne selbst eine größere Gefährdung mit sich zu bringen,
3. für die am Arbeitsplatz gegebenen Bedingungen geeignet sind und

4. den ergonomischen Anforderungen und den gesundheitlichen Erfordernissen der Beschäftigten entsprechen.

(2) Persönliche Schutzausrüstungen müssen den Beschäftigten individuell passen. Sie sind grundsätzlich für den Gebrauch durch eine Person bestimmt. Erfordern die Umstände eine Benutzung durch verschiedene Beschäftigte, hat der Arbeitgeber dafür zu sorgen, daß Gesundheitsgefahren oder hygienische Probleme nicht auftreten.

(3) Werden mehrere persönliche Schutzausrüstungen gleichzeitig von einer oder einem Beschäftigten benutzt, muss der Arbeitgeber diese Schutzausrüstungen so aufeinander abstimmen, dass die Schutzwirkung der einzelnen Ausrüstungen nicht beeinträchtigt wird.

(4) Durch Wartungs-, Reparatur- und Ersatzmaßnahmen sowie durch ordnungsgemäße Lagerung trägt der Arbeitgeber dafür Sorge, dass die persönlichen Schutzausrüstungen während der gesamten Benutzungsdauer gut funktionieren und sich in einem hygienisch einwandfreien Zustand befinden.

§ 3 Unterweisung

(1) Bei der Unterweisung nach § 12 des Arbeitsschutzgesetzes hat der Arbeitgeber die Beschäftigten darin zu unterweisen, wie die persönlichen Schutzausrüstungen sicherheitsgerecht benutzt werden. Soweit erforderlich, führt er eine Schulung in der Benutzung durch.

(2) Für jede bereitgestellte persönliche Schutzausrüstung hat der Arbeitgeber erforderliche Informationen für die Benutzung in für die Beschäftigten verständlicher Form und Sprache bereitzuhalten.

9.6 Richtlinie 91/383/EWG des Rates zur Ergänzung der Maßnahmen zur Verbesserung der Sicherheit und des Gesundheitsschutzes von Arbeitnehmern mit befristetem Arbeitsverhältnis oder Leiharbeitsverhältnis

Vom 25.06.1991 (ABl. EG Nr. L 206, S. 19)

zuletzt geändert durch Richtlinie 2007/30/EG vom 20.06.2007 (ABl. EU Nr. L 165, S. 21)

in Kraft getreten am 28.06.2007

DER RAT DER EUROPÄISCHEN GEMEINSCHAFTEN HAT FOLGENDE RICHTLINIE ERLASSEN:

Abschnitt I
Anwendungsbereich und Zweck

Artikel 1

Diese Richtlinie gilt für

1. Arbeitsverhältnisse auf der Grundlage eines befristeten Arbeitsvertrags, der unmittelbar zwischen Arbeitgeber und Arbeitnehmer geschlossen und in dem das Vertragsende nach objektiven Bedingungen festgelegt wird, etwa: Erreichen eines bestimmten Datums, Abschluss eines bestimmten Arbeitsauftrags oder Eintritt eines bestimmten Ereignisses;
2. Leiharbeitsverhältnisse zwischen einem Leiharbeitsunternehmen als Arbeitgeber einerseits und einem Arbeitnehmer andererseits, wobei letzterer zur Verfügung gestellt wird, um für und unter Kontrolle eines entleihenden Unternehmens und/oder einer entleihenden Einrichtung zu arbeiten.

Artikel 2
Zweck

(1) Ziel dieser Richtlinie ist es sicherzustellen, dass Arbeitnehmer mit einem Arbeitsverhältnis im Sinne des Artikels 1 im Hinblick auf Sicherheit und Gesundheitsschutz am Arbeitsplatz das gleiche Schutzniveau wie die anderen Arbeitnehmer des entleihenden Unternehmens und/oder der entleihenden Einrichtung genießen.

(2) Das Bestehen eines Arbeitsverhältnisses im Sinne des Artikels 1 darf in bezug auf die Arbeitsbedingungen nicht zu einer Ungleichbehandlung führen, soweit es sich um die Sicherheit und den Gesundheitsschutz am Arbeitsplatz und insbesondere um die Inanspruchnahme individueller Schutzeinrichtungen handelt.

(3) Die Bestimmungen der Richtlinie 89/391/EWG sowie die Einzelrichtlinien im Sinne des Artikels 16 Absatz 1 der Richtlinie 89/391/EWG finden unbeschadet strengerer und/oder

spezifischer Vorschriften der vorliegenden Richtlinie auf Arbeitnehmer mit einem Arbeitsverhältnis im Sinne des Artikels 1 voll Anwendung.

Artikel 3
Unterrichtung der Arbeitnehmer

Die Mitgliedstaaten treffen unbeschadet des Artikels 10 der Richtlinie 89/391/EWG die erforderlichen Vorkehrungen, damit

1. jeder Arbeitnehmer mit einem Arbeitsverhältnis im Sinne des Artikels 1, bevor er eine Tätigkeit aufnimmt, vom entleihenden Unternehmen und/oder der entleihenden Einrichtung über die Risiken, denen er ausgesetzt sein könnte, unterrichtet wird;
2. diese Unterrichtung über folgendes Aufschluss gibt:
   - insbesondere die Notwendigkeit besonderer Qualifikationen bzw. beruflicher Fähigkeiten oder einer besonderen ärztlichen Überwachung, wie sie in der nationalen Gesetzgebung definiert ist, und
   - etwaige erhöhte spezifische Risiken des zu besetzenden Arbeitsplatzes, wie sie in der nationalen Gesetzgebung definiert sind

Abschnitt II

Allgemeine Bestimmungen

Artikel 4
Unterweisung der Arbeitnehmer

Die Mitgliedstaaten treffen unbeschadet des Artikels 12 der Richtlinie 89/391/EWG die erforderlichen Vorkehrungen, damit der Arbeitnehmer in den in Artikel 3 genannten Fällen unter Berücksichtigung seiner Qualifikation und seiner Erfahrung eine ausreichende und den besonderen Merkmalen des Arbeitsplatzes entsprechende Unterweisung erhält.

Artikel 5
Einsatz und ärztliche Überwachung der Arbeitnehmer

(1) Die Mitgliedstaaten können verbieten, dass Arbeitnehmer mit einem Arbeitsverhältnis im Sinne des Artikels 1 für bestimmte mit besonderen Risiken für die Sicherheit oder die Gesundheit dieser Arbeitnehmer verbundene Arbeiten, wie sie in den einzelstaatlichen Rechtsvorschriften festgelegt sind, und insbesondere für bestimmte Arbeiten, für die in den einzelstaatlichen Rechtsvorschriften eine besondere ärztliche Überwachung vorgesehen ist, eingesetzt werden.

(2) Machen die Mitgliedstaaten von der in Absatz 1 genannten Möglichkeit nicht Gebrauch, so treffen sie unbeschadet des Artikels 14 der Richtlinie 89/391/EWG die erforderlichen Vorkehrungen, damit Arbeitnehmer mit einem Arbeitsverhältnis im Sinne des Artikels 1,

die für Arbeiten eingesetzt werden, für die in den einzelstaatlichen Rechtsvorschriften eine besondere ärztliche Überwachung vorgesehen ist, eine angemessene besondere ärztliche Überwachung zugute kommt.

(3) Die Mitgliedstaaten können vorsehen, dass die in Absatz 2 vorgesehene angemessene besondere ärztliche Überwachung auch nach Beendigung des Arbeitsverhältnisses fortgesetzt wird.

Artikel 6
Mit Schutzmaßnahmen und Maßnahmen zur Gefahrenverhütung beauftragte Dienste

Die Mitgliedstaaten treffen die erforderlichen Vorkehrungen, damit die Arbeitnehmer, Dienste oder Personen, die nach Artikel 7 der Richtlinie 89/391/EWG mit Schutzmaßnahmen und Maßnahmen zur Verhütung berufsbedingter Gefahren beauftragt werden, über den Einsatz von Arbeitnehmern mit einem Arbeitsverhältnis im Sinne des Artikels 1 unterrichtet werden, soweit dies erforderlich ist, damit die beauftragten Arbeitnehmer, Dienste oder Personen die Schutz- und Verhütungsmaßnahmen für alle Arbeitnehmer des Unternehmens und/oder der Einrichtung in angemessener Weise durchführen können.

Abschnitt III

Besondere Bestimmungen

Artikel 7
Leiharbeitsverhältnisse: Unterrichtung

Unbeschadet des Artikels 3 treffen die Mitgliedstaaten die erforderlichen Vorkehrungen, damit

1. das entleihende Unternehmen und/oder die entleihende Einrichtung dem Leiharbeitsunternehmen vor der Überlassung des Arbeitnehmers mit einem Arbeitsverhältnis im Sinne des Artikels 1 Nummer 2 insbesondere die erforderliche berufliche Qualifikation und die besonderen Merkmale des zu besetzenden Arbeitsplatzes angibt;
2. das Leiharbeitsunternehmen diese Angaben den betreffenden Arbeitnehmern vollständig zur Kenntnis bringt.

Die Mitgliedstaaten können vorsehen, dass die nach Absatz 1 Nummer 1 von dem entleihenden Unternehmen und/oder der entleihenden Einrichtung dem Leiharbeitsunternehmen zu machenden Angaben in einen Vertrag über die Arbeitnehmerüberlassung aufzunehmen sind.

Artikel 8
Leiharbeitsverhältnisse: Verantwortung

Die Mitgliedstaaten treffen die erforderlichen Vorkehrungen, damit

1. unbeschadet der durch die einzelstaatlichen Rechtsvorschriften festgelegten Verantwortung des Leiharbeitsunternehmens das entleihende Unternehmen und/oder die entleihende Einrichtung während der Dauer des Arbeitsauftrags für die Bedingungen der Arbeitsausführung verantwortlich ist;
2. für die Anwendung der Nummer 1 die Bedingungen für die Arbeitsausführung ausschließlich diejenigen umfassen, die mit der Sicherheit, der Hygiene und dem Gesundheitsschutz am Arbeitsplatz zusammenhängen.

Abschnitt IV

Verschiedene Bestimmungen

Artikel 9
Günstigere Bestimmungen

Diese Richtlinie berührt in keiner Weise bestehende oder künftige einzelstaatliche oder gemeinschaftliche Rechtsvorschriften, die den Arbeitnehmern mit einem Arbeitsverhältnis im Sinne des Artikel 1 günstigere Bedingungen in bezug auf die Sicherheit und den Gesundheitsschutz am Arbeitsplatz bieten.

Artikel 10
Schlussbestimmungen

(1) Die Mitgliedstaaten erlassen die erforderlichen Rechts- und Verwaltungsvorschriften, um dieser Richtlinie bis spätestens 31. Dezember 1992 nachzukommen. Sie setzen die Kommission unverzüglich davon in Kenntnis. Wenn die Mitgliedstaaten Vorschriften nach Unterabsatz 1 erlassen, nehmen sie in diesen selbst oder durch einen Hinweis bei der amtlichen Veröffentlichung auf diese Richtlinie Bezug. Sie regeln die Einzelheiten der Bezugnahme.

(2) Die Mitgliedstaaten teilen der Kommission den Wortlaut der einzelstaatlichen Rechtsvorschriften mit, die auf dem unter diese Richtlinie fallenden Gebiet erlassen worden sind oder von ihnen erlassen werden.

(3) aufgehoben

(4) aufgehoben

Artikel 10a
Durchführungsbericht

Alle fünf Jahre legen die Mitgliedstaaten der Kommission einen Bericht über die praktische Durchführung dieser Richtlinie vor, und zwar in der Form eines gesonderten Kapitels des in Artikel 17a Absätze 1, 2 und 3 der Richtlinie 89/391/EWG vorgesehenen Gesamtberichts, der als Grundlage für die Bewertung dient, die von der Kommission gemäß Artikel 17a Absatz 4 jener Richtlinie durchzuführen ist.

Artikel 11

Diese Richtlinie ist an die Mitgliedstaaten gerichtet.

Literaturverzeichnis

Anzinger, Rudolf/Bieneck, Hans-Jürgen — Kommentar zum Arbeitssicherheitsgesetz, Heidelberg 1998

Becker, Friedrich/Wulfgramm, Jörg — Kommentar zum Arbeitnehmerüberlassungsgesetz, 3. Auflage, Neuwied 1985

Bertram, Oliver — Die berufsgenossenschaftliche Zuständigkeit für die Unternehmen der gewerbsmäßigen Arbeitnehmerüberlassung. SGB 1999, 679 ff.

Bremer, Diana — Arbeitsschutz im Baubereich, Baden Baden 2007

Buchner, Herbert/Becker, Ulrich — Mutterschutzgesetz und Bundeserziehungsgeldgesetz, 8. Auflage, München 2008

Canaris, Claus-Wilhelm — Ansprüche wegen positiver Vertragsverletzung und Schutzwirkung für Dritte bei nichtigen Verträgen, JZ 1965, S. 475 ff

Gick, Dietmar — Gewerbsmäßige Arbeitnehmerüberlassung zwischen Verbot und Neugestaltung, Dissertation, Berlin 1984

Grimm, Detlef/Brock, Martin — Praxis der Arbeitnehmerüberlassung, Bonn 2004

Heilmann, Joachim/ Aufhauser, Rudolf — Arbeitsschutzgesetz, Kommentar, 2. Auflage, Baden-Baden 2005

Heinze, Meinhard — Rechtsprobleme des sogenannten echten Leiharbeitsverhältnisses, ZFA 1976, S. 183 ff.

Heußner, Herrmann — Sozialversicherungsrechtliche Aspekte der Arbeitnehmerüberlassung, DB 1973, S. 1800 ff.

Jäger, Wolfgang/Stürk, Peter — Zeitarbeit und Arbeitssicherheit bedingen einander, BG 2000, S. 258 ff.

Julius, Nico — Arbeitschutz und Fremdfirmenbeschäftigung, 1. Auflage, Baden-Baden 2004

Kittner, Michael/Pieper, Ralf — Arbeitsschutzrecht, Arbeitsschutzgesetz, Arbeitssicherheitsgesetz und andere Arbeitsschutzvorschriften, 3. Auflage, Frankfurt am Main 2006

Klunzinger, Eugen — Einführung in das Bürgerliche Recht, 13. Auflage, München 2007

Kollmer, Norbert Franz — Arbeitsschutzgesetz, München 2005

Konzen, Horst — Arbeitsrechtliche Drittbeziehungen – Gedanken über Grundlagen und Wirkungen der gespaltenen Arbeitgeberstellung, ZfA 1982, S. 259 ff.

ders. — Regierungsentwurf des Betriebsverfassungsreformgesetzes, RdA 2001, S. 76 ff.

Löwisch, Manfred — Änderung der Betriebsverfassung durch das Betriebsverfassungs-Reformgesetz, BB 2001, S. 1734 ff.

Maschmann, Frank — Leiharbeitnehmer und Betriebsratswahl nach dem BetrVG-Reformgesetz, DB 2001, S. 2446 ff.

Mayer-Maly, Theo — Das Leiharbeitsverhältnis, ZfA 1972, S. 1 ff.

Pieper, Ralf/ Vorath, Bernd-Jürgen (Hrsg.) — Handbuch Arbeitsschutz – Sicherheit und Gesundheitsschutz am Arbeitsplatz, Frankfurt am Main 2001

Rebmann, Kurt/ Säcker, Franz Jürgen/ Rixecker, Roland (Hrsg.) — Münchener Kommentar zum Bürgerlichen Gesetzbuch, Band 4, 4. Auflage, München 2005

Reichhold, Hermann — Die reformierte Betriebsverfassung 2001, NZA 2001, S. 857 ff.

Richardi, Reinhard (Hrsg.) — Betriebsverfassungsgesetz mit Wahlordnung, 11. Auflage, München 2008

Richardi, Reinhard/Wlotzke, Otfried (Hrsg.) — Münchener Handbuch Arbeitsrecht, Band 2, 2. Auflage, München 2000

Sandmann, Georg/Marschall, Dieter — Arbeitnehmerüberlassungsgesetz, Kommentar (Loseblattausgabe), Stand Juni 2006

Schaub, Günther	Arbeitsrecht-Handbuch, systematische Darstellung und Nachschlagewerk für die Praxis, 12. Auflage, München 2007
Schüren, Peter (Hrsg.)	Arbeitnehmerüberlassungsgesetz, 3. Auflage, München 2007
Siller, Ewald/Schliephacke, Jürgen	Fremdpersonal & Leiharbeitnehmer, Arbeitssicherheit und rechtliche Konsequenzen, Köln 1988
Thüsing, Gregor	Arbeitnehmerüberlassungsgesetz, München 2008
Ulber, Jürgen	Arbeitnehmerüberlassungsgesetz und Arbeitnehmer-Entsendegesetz, Kommentar für die Praxis, 2. Auflage, Frankfurt am Main 2002
ders.	Arbeitnehmer in Zeitarbeitsfirmen, 1. Auflage, Frankfurt am Main 2001
Urban-Crell, Sandra/Schulz, Christian	Arbeitnehmerüberlassung und Arbeitsvermittlung, München 2003.
Verband Deutscher Sicherheitsingenieure e.V. (Hrsg.)	Zeitarbeit – ein Wirtschaftsfaktor, Leipzig 1999
Weber, Christoph	Das aufgespaltene Arbeitsverhältnis, Dissertation, Mainz 1992
Wank, Rolf/ Börgmann, Udo	Deutsches und Europäisches Arbeitsschutzrecht, München 1992
Wißmann, Hellmut	Die Suche nach dem Arbeitgeber in der Betriebsverfassung, NZA 2001, S. 409 ff.

Stichwortverzeichnis

Pulte
Das deutsche Arbeitsrecht
Kompaktwissen für die Praxis

In erster Linie will das Arbeitsrecht die Rechtsbeziehungen zwischen Arbeitgeber und Arbeitnehmer - den Parteien des Arbeitsrechts - und deren Organisationen und Interessenvertretern regeln. Darüber hinaus dient es dem besonderen Schutz aller in abhängiger Tätigkeit stehender Personen. Im Vordergrund des Arbeitslebens steht der Mensch mit seiner persönlichen Arbeitsleistung.

Der Titel vermittelt kompakt und übersichtlich die vielseitigen Facetten des Arbeitsrechts. Von der Einstellung über die Durchführung bis zur Beendigung des Arbeitsverhältnisses werden alle Aspekte dargestellt, die in einem Arbeitsleben auftreten können. Aber auch die kollektivrechtliche Seite Betriebsverfassung, Tarifordnung, Streikrecht, das Arbeitsschutzrecht und das arbeitsgerichtliche Verfahren sind in die Darstellung aufgenommen worden.

Das Buch aus der Reihe „Kompaktwissen für die Praxis" bietet sich somit sowohl zum Studium als auch für die praktische Orientierung als ein bedeutsames Hilfsmittel an.

ISBN 978-3-941388-00-0 Preis der Printausgabe: 19,80 €

Bontrup, Hansen
Personalmanagement
Kompaktwissen für die Praxis

Das Buch Personalmanagement ist eine Aufsatzsammlung von prominenten WissenschaftlerInnen und PraktikerInnen.

Neben Fragen der Personalplanung und des Personal- controllings werden das Problemfeld der Führung im Unternehmen sowie die Theorie und Praxis aktueller Manage- mentkonzepte zur Modernisierung der Arbeitsorganisation angesprochen. Weitere Aufsätze beschäftigen sich mit einem internationalen Vergleich der Arbeitszeitorganisation im Betrieb und mit der theoretischen Analyse des Arbeitsentgeltes in Form eines volks- und betriebswirtschaftlichen Diskurses.

Den Abschluss des Buches bildet ein Beitrag zur Unternehmenskultur, Partizipation und Mitbestimmung.

Die vorgelegte Aufsatzsammlung eignet sich sowohl für Studierende der Wirtschaftswissenschaft mit den Schwer- punkten Arbeitsökonomie und Personalbetriebswirtschafts- lehre als auch für Praktiker im Bereich des Personal- management sowie für unternehmerische und betriebliche Mitbestimmungsträger.

ISBN 978-3-941388-17-8 Preis der Printausgabe: 19,80 €

www.vprm.de

Korenke
Das deutsche Sozialversicherungsrecht **Kompaktwissen für die Praxis**

Das deutsche Sozialversicherungsrecht umfasst die fünf verschiedenen, im Sozial- gesetzbuch kodifizierten Zweige der Sozialversicherung. Das sind die Arbeits- losenversicherung, die gesetzliche Kranken-, Renten- und Unfallversicherung sowie die soziale Pflegeversicherung. Das Sozial- versicherungsrecht dient ebenso wie das Arbeitsrecht in erster Linie dem Schutz der abhängig Beschäftigten. Allerdings sind die Rechtsbeziehungen zwischen den Trägern der Sozialversicherung (Bundesagentur für Arbeit, Kranken- und Pflegekassen, Berufsgenossenschaften, Rentenversicherung etc.) öffentlich-rechtlicher Natur.

Der vorliegende Titel gibt einen praxisorientierten Überblick über die wichtigsten Begriffe und Institute der Sozialversicherung. Ausführlich behandelt werden vor allem die Ansprüche der Versicherten auf Arbeitslosen- und Krankengeld, auf Rente wegen ver- minderter Erwerbsfähigkeit, auf Verletztenrente nach einem Arbeitsunfall sowie auf Pflegegeld. Überdies werden in dem jeweiligen Kontext die Rechtsmittel des Widerspruchs und der Klage beim Sozialgericht dargestellt.

ISBN 978-3-941388-03-1 Preis der Printausgabe: 19,80 €

Pulte
Beteiligungsrechte des Betriebsrates außerhalb der Betriebsverfassung
Kompaktwissen für die Praxis

Die betriebliche Mitbestimmung der Arbeitnehmer regelt das Betriebsverfassungsgesetz. Darin ist die Zusammenarbeit zwischen Arbeitgeber, Belegschaften, Betriebsrat, Gewerkschaften und Vereinigungen des Arbeitgebers festgelegt. Es beinhaltet die Regelungen von der Wahl des Betriebsrats als Interessenvertretung der Arbeitnehmer über seine Aufgaben bis zu seinen Rechten. Geregelt werden darin im Einzelnen Informations-, Anhörungs- und Mitwirkungsrechte des Betriebsrats.

Neben den Regelungen im Betriebsverfassungsgesetz sind in zahlreichen anderen Gesetzen, Verordnungen und Anordnungen Rechte und Pflichten des Betriebsrates geregelt bzw. dessen Einbeziehung vorgesehen.

In der Reihe „Kompaktwissen für die Praxis" wird eine neue Übersicht veröffentlicht, die nach Sachgebieten geordnet den wesentlichen Regelungsinhalt beinhaltet.

ISBN 978-3-941388-01-7 Preis der Printausgabe: 19,80 €

www.vprm.de